高校公共体育
课程与教学创新研究

韩小田　姜静静　张　凡 ◎ 著

吉林出版集团股份有限公司

图书在版编目（CIP）数据

高校公共体育课程与教学创新研究 / 韩小田，姜静
静，张凡著. — 长春：吉林出版集团股份有限公司，
2023.4

ISBN 978-7-5731-3059-4

Ⅰ．①高… Ⅱ．①韩… ②姜… ③张… Ⅲ．①体育教
学－教学研究－高等学校 Ⅳ．①G807.4

中国国家版本馆CIP数据核字（2023）第041945号

高校公共体育课程与教学创新研究

GAOXIAO GONGGONG TIYU KECHENG YU JIAOXUE CHUANGXIN YANJIU

著　　者	韩小田　姜静静　张　凡	
责任编辑	王　平	
封面设计	林　吉	
开　　本	787mm×1092mm　　1/16	
字　　数	233千	
印　　张	10.75	
版　　次	2023年4月第1版	
印　　次	2024年1月第1次印刷	

出版发行　吉林出版集团股份有限公司

电　　话　总编办：010-63109269

　　　　　　发行部：010-63109269

印　　刷　廊坊市广阳区九洲印刷厂

ISBN 978-7-5731-3059-4　　　　　　　　　　定价：78.00元

前　言

　　高校公共体育教学是促进大学生健康成长的重要途径，新时代发展背景下高校公共体育教学的改革与发展，应该有多种实现路径，只有采用多元化的发展方式，才能为教师的教学创新和学生的自主提供启发或机会，才能把高校公共体育教育教学理想转变为有效提升大学生体质、公共体育能力与公共体育意识发展的现实。

　　公共体育教学是当前高校教学中的重要课程，学校不仅要提升学生的文化知识技能，同时要对学生的公共体育能力和素养进行有效的培养和提升。原有的公共体育教学中存在很多不足和问题，难以满足当前学生公共体育素养提升的需求。高校应该在公共体育教学理念和模式上进行不断的改革和创新，促进公共体育教学质量和效率的提升，获得良好的教学效果。

　　但是受传统教育理念的影响，高校公共体育教学目前才开始被重视，因此当前支撑高校公共体育设施建设的经费有限，目前高校公共体育设施建设还存在很多不足。同时，因为经费的不足，使高校公共体育硬件设施的更新、师资力量的引进都受到阻碍，制约了高校公共体育课程的改革与发展。

　　由于时间仓促，加之笔者水平有限，在撰写过程中难免出现不足的地方，希望各位读者不吝赐教，提出宝贵的意见，以便笔者在今后的学习中加以改进。

韩小田　姜静静　张凡

2023 年 4 月

目　录

第一章 高校公共体育课程资源开发

第一节 公共体育课程资源概述

一、课程资源的概念

资源也就是资财的来源，是指自然界和人类社会中能创造物质财富和精神财富的各种客观的来源。拥有资源越多、开发利用资源的程度越高，对事物的顺利开展就越有保障。在我国，课程资源这个名词在 2001 年才开始流行起来，它是指形成课程的要素来源以及实施课程的必要的、直接的条件，又称为教学资源，主要是从学科内容或教学过程的视角来看资源，一切教学资源或学习资源都是以课程资源的形式来呈现的，课程资源是教学资源和学习资源的逻辑基础。关于课程资源的定义众说纷纭，并没有统一、准确的定义，主要是从以下两个方面来阐述的：

（一）从内涵上进行阐述

"十五"规划教育部重点课题"高校校本课程资源开发的研究与实验"课题组编写的《校本课程资源开发指南》中对课程资源的解释是这样的：课程资源（Curriculum Resource）也称教学资源，指课程与教学信息的来源，或者指一切对课程和教学有用的物质和人力。

顾明远先生在其编著的《教育大词典》中提出了教育资源这一概念，其含义与课程资源类似，即"教育过程中所占用、使用和消耗的人力、物力和财力的总和"。[①]

徐继存等人指出："课程资源是课程设计、实施和评价等整个课程编制过程中可以利用的一切人力、物力以及自然资源的总和，包括教材以及学校、家庭和社会中所

---

① 顾明远.教育大词典 [M].上海：上海教育出版社,1991.

有有助于提高学生素质的各种资源。课程资源既是知识、信息和经验的载体，也是课程实施的媒介。"①

吴刚平先生从相对宏观的角度提出并论证了课程资源的基本概念框架，指出"课程资源的概念有广义和狭义之分，广义的课程资源是指有利于实现课程目标的各种因素，狭义的课程资源仅指形成课程的直接因素来源"，并指出广义的课程资源是指"形成课程因素来源与必要而直接的实施条件"。②钟启泉教授在《基础教育课程改革纲要（试行）解读》一书中也认为课程资源的概念有广义和狭义之分。广义的课程资源指有利于实现课程目标的各种因素。狭义的课程资源仅指形成课程的直接因素来源。③

范蔚认为，资源从本义上讲是某种物质的天然来源，是本来就有的，课程资源也是客观存在的各种事物，而课程是教育系统中的基本要素，是为实现教育目的服务的。虽然当前对课程的理解存在分歧，但"课程目标指向学生的发展""课程内容富含教育性"等认识，是被广大教育工作者所认同和接受的。所以，她将课程资源定义为"富有教育价值的、能够转化为学校课程或服务于学校课程的各种条件的总和"。④

《辞海》中"资"是指资财、供给、资助。"源"是指水流所从出，引申为事物的来源。在《现代汉语词典》中"资源"是指生产资料和生活资料的自然来源。在《世界图书字典》（*The Word Book Dictionary*）中，"资源"（resource）是指"供满足需要的东西"或"储备以备需要时提取"。根据以上的描述，范兆雄在其《课程资源概论》一书中将课程资源定义为："供给课程活动，满足课程活动需要的一切。"⑤

（二）从外延上进行阐述

课程资源的范围是比较广泛的。美国课程专家泰勒提出课程资源包括"目标资源、教学活动资源、组织教学活动资源、制订评估方案资源"；坦纳夫妇从社会、知识世界和学习者的角度探讨了课程来源；也有学者指出课程资源系统是由人、材料、工具、设施、活动五种要素构成，这些要素的不同状态有不同组合和各种表现，从而形成了课程资源的多种多样状态。"按不同的分类标准，可把课程资源划分为不同的表现形态：按组成要素分，有人力、物力、财力等资源；按空间范围分，有校内资源和校外资源；从运动特征分，有静态资源和动态资源；按在教育发展中所起的作用分，有现实资源

① 徐继存，车丽娜著．课程与教学论问题的时代澄明 [M]．济南：山东教育出版社，2008．
② 吴刚平著．校本课程开发 [M]．成都：四川教育出版社，2002．
③ 钟启泉，崔允漷等．为了中华民族的复兴为了每位学生的发展《基础教育课程改革纲要 试行》解读 [M]．上海：华东师范大学出版社，2001．
④ 范蔚，李宝庆编著．校本课程论 发展与创新 [M]．北京：人民教育出版社，2011．
⑤ 范兆雄著．课程资源概论 [M]．北京：中国社会科学出版社，2002．

和潜在资源；从开发利用角度分，有原生教育资源、衍生教育资源、创生教育资源；从产生过程分，有保持性资源和生成性资源；从物理特性与呈现方式分，有文字资源、实物资源、活动资源、信息化资源；按功能特点分，有素材性资源和条件性资源；按存在形式分，有显性资源和隐性资源，或物质形态资源和精神形态资源等。"

以上各家尽管从不同的角度给课程资源下了定义，但有一个共同的特点是都对课程资源的内涵与外延有所扩大。笔者认为对课程资源的理解，关键是对课程的把握和理解。传统课程论与现代课程论对课程的理解有很大的分歧。正确地认识课程，将有利于我们对课程资源的深入研究，掌握它的研究范围、了解它的特性。

二、公共体育课程资源的概念

公共体育课程资源是一个崭新的概念，目前还没有明确界定。施小菊在《试论公共体育与健康课程资源及其开发与利用》一文中指出，公共体育与健康课程资源是指形成公共体育与健康课程的要素来源以及实施公共体育与健康课程的必要而直接的联系。根据这一概念，她将公共体育与健康课程资源分为素材性资源和条件性资源两大类。公共体育与健康课程的素材性资源主要包括公共体育与健康知识、公共体育锻炼手段与方法、公共体育教学组织与方法、公共体育目标、公共体育情感与价值观五个方面。公共体育与健康课程条件性资源主要包括实施本课程的人才资源、财力资源、时间资源、空间资源和公共体育器材用品资源五个方面。

2005 年，张学忠等人以新课程改革思想为指导，依据现代课程论的基本观点和方法，对公共体育课程资源的基本概念、类型、结构、特点和如何开发利用等若干理论问题提出理性思考，为公共体育课程资源开发实践提供了理论参考。他们在《学校公共体育课程资源若干理论问题的研究》一文中对公共体育课程资源范畴进行了描述，认为公共体育课程资源是指直接构成公共体育课程的素材和课程实施的基本前提。公共体育课程资源概念实属狭义概念。从构成公共体育课程的内容而言，首先指公共体育教材资源，如知识、技术、技能、锻炼的组织形式与方法，以及管理者、教师和其他相关人员的思想、情感、创意、才能、价值观和培养目标等资源。其次指传媒信息资源，如社区、国内外各类公共体育活动和竞技比赛、公共体育科技、公共体育音乐、公共体育艺术和其他公共体育事务活动等信息资源。就课程实施条件资源而言，一是指有关公共体育课程教育的管理体制以及相关的法律和法规等资源；二是指公共体育课程管理者、教师、教练员、辅导员、学生和家长等人力资源；三是指场地、器材、相关设施和财力投入等物力和财力资源；四是指地理和气候、自然环境等资源。

笔者认为对公共体育课程资源的理解应包含以下几层意思：公共体育课程资源是指有可能进入公共体育课程活动，直接成为公共体育课程活动内容或支持公共体育课程活动进行的无形与有形的一切因素，是学校教育资源的重要组成部分。公共体育课程资源是保证公共体育课程目标实现和公共体育课程顺利实施的条件，同时是公共体育课程因素的天然来源和公共体育课程实施的条件。公共体育课程实施的范围和水平，不但取决于公共体育课程资源的丰富程度和拓展广度，更取决于公共体育课程资源的开发和利用效率。尽管公共体育课程资源是潜在形态的课程，但没有公共体育课程资源就没有公共体育课程存在，没有宽阔而开放的公共体育课程资源根基，就没有动态生成的现代公共体育课程。

三、公共体育课程资源的分类

关于公共体育课程资源的分类，目前的研究非常少。《公共体育与健康课程标准（实验稿）》（以下简称"课程标准"）中虽未明确对公共体育课程资源进行系统分类，但指出《公共体育与健康》课程资源的开发与利用应从人力资源的开发、公共体育设施资源的开发、课程内容资源的开发、课外和校外公共体育资源的开发、自然地理课程资源的开发和公共体育信息资源的开发等几方面着手进行。在人力资源开发方面，课程标准中指出了许多人力资源，如班主任、有公共体育特长的教师、校医、社会公共体育指导员、家长等以前我们都没有利用到的资源。在公共体育设施资源的开发中，课程标准中主要从五方面进行阐述：①发挥公共体育器材的多种功能。②制作简易器材。③改造场地器材，提高场地利用价值。④合理布局学校场地。⑤合理使用场地器材。在课程内容资源的开发方面，课程标准明确提出了公共体育与健康课应注意对现有运动项目的更新、对新兴运动项目的引进以及对民族、民间传统公共体育资源的开发。在课外和校外公共体育资源的开发方面，课程标准主要从课外公共体育资源和校外公共体育资源的开发方面进行了阐述。在自然地理课程资源的开发方面，课程标准主要从地域特点及季节特点等自然环境着手进行了举例说明。在公共体育信息资源的开发方面，只做了较为简单的阐述。

总之，公共体育课程资源的内容极其丰富。既有来自自然界的，也有来自社会的；既有显性的，也有隐性的；既有校内的，也有校外的；既有人力的，也有物力的。从不同的角度出发就有不同的划分方法，公共体育课程资源主要有以下几种划分方式：

（一）根据存在方式划分

1.显性课程资源

显性公共体育课程资源是指看得见摸得着，可以直接运用于教育教学活动的公共体育课程资源，如教材、计算机网络、自然和社会资源中的实物、活动等，它是实实在在的物质存在。显性课程资源可以直接成为教育教学的便利手段或内容，相对易于开发与利用。

2.隐性课程资源

隐性公共体育课程资源是指以潜在的方式对教育教学活动产生影响的课程资源。如校风、社会风气、家庭气氛、师生关系等。与显性课程资源不同，隐性课程资源的作用方式具有间接性和隐蔽性的特点。它们不能构成教育教学的直接内容，但是它们对教育教学活动的质量起着持久的潜移默化的影响。

（二）根据空间分布划分

1.校内公共体育课程资源

凡是在学校范围内的公共体育课程资源，就是校内公共体育课程资源。它是实现课程目标，促进学生全面发展的最基本、最便捷、最直接的资源，如学校师资结构、师资水平、学校公共体育场地、公共体育器材设施、校纪校风、校容校貌等校园人文环境。

2.校外公共体育课程资源

校外课程资源包括学生家庭、社区乃至整个社会中各种可用于公共体育教育教学活动的设施和条件以及丰富的自然资源。如社区公共体育设施、公共体育人文环境、国内外公共体育活动和比赛信息、国家经济和人民群众对公共体育的需求、山川河流、沙漠高原自然环境等。校外公共体育课程资源可以弥补校内公共体育课程资源的不足，充分开发与利用校外公共体育课程资源能对我们转变教育教学方式，适应公共体育课程的改革与发展提供有力的支持和基础。

（三）根据功能特点划分

1.素材性公共体育课程资源

素材性资源是指组成公共体育课程材料的基本来源，其特点是作用于公共体育课程，并且能够成为公共体育课程的素材和来源。如国家发布的公共体育课程指导纲要、国家公共体育课程标准、公共体育教材、各种参考资料；公共体育管理人员的思想、情感、智慧和创新；公共体育科技、历史、文化艺术、各种媒体（电视、电影、网络）信息等。

2. 条件性公共体育课程资源

条件性资源是指公共体育课程实施的基本条件要素。其特点是作用于课程，但不是形成课程本身的直接来源，不是学生学习和收获的对象，但它在很大程度上影响着课程实现的范围水平。如直接决定课程范围的公共体育教师、教练员、校医务人员、课程管理者等人力资源；公共体育场、馆器材、设备等物力资源；学校教育经费投入、社会资助等财力资源；社会自然环境等。在现实中，其实有些资源既包含公共体育课程的素材又包含公共体育课程的条件，如人力资源、网络资源、环境资源等。

（四）根据性质划分

1. 自然课程资源

自然课程资源具有"天然性"和"自发性"。我国幅员辽阔、山川秀美、物产丰盛，可以开发与利用的自然课程资源极为丰富。例如，可以充分利用空气、阳光、水、江、河、湖、海、沙滩、田野、森林、山地、草原、雪原、荒原等资源，开展野外生存生活方面的教学与训练，开发自然环境资源等。认识自然，融入自然，与自然界和谐共处，是学生素质养成的重要内容，也是整个课程编制过程应体现的一个基本理念。

2. 社会课程资源

社会课程资源带有"人工性"和"自觉性"的特点。人们可以开发与利用的社会公共体育课程资源同样也是多种多样的。如以家庭公共体育、社区公共体育、假日公共体育、民族传统公共体育等方式所开展的公共体育活动；为了保存和展示人类公共体育文明成果的公共设施（如公共体育博物馆、公共体育展览馆雕塑）；健身娱乐中心、公共体育运动中心高水平运动训练基地与公共体育科研所等。

（五）根据存在状态划分

1. 潜在的公共体育课程资源

潜在的公共体育课程资源是指公共体育课程资源的课程功能处于潜在状态，而不是资源本身处于潜在状态。这类公共体育课程资源包含在历史与现实的维度上和有形与无形的教育资源、社会资源之中，不具备直接的、显性的课程价值，需要主体在开发利用中进行合理有效的赋值与认定，即赋予并提升其课程潜能，才可能进入显在课程资源领域，再经过开发利用转化为现实课程的组成部分和实施条件。关键在于课程主体能否对其赋值、赋予其什么意义及何种程度的课程资源，如校风校貌、学校的公共体育氛围及公共体育文化氛围、学校的公共体育传统、学校的公共体育规章制度、班级的公共体育风气、公共体育教师的素养、师生关系的和谐及合作程度、学生的团队精神、公共体育场地设施的布局与感染力、有公共体育特长的教师和学生的感召力与影响力等。

2. 现实存在并已开发的公共体育课程资源

这类课程资源是形成公共体育课程因素的基本条件，主要包括公共体育教师、学生、公共体育课、公共体育教材、各种参考书、教学大纲、教学计划、教学进度、教学器材、校内公共体育场地设施、早操、课间操、课外公共体育活动、运动队训练、校内运动会与各种公共体育竞赛、公共体育夏（冬）令营等。

3. 现实存在但未开发利用的公共体育课程资源

这是指已经具有课程潜能的那部分资源，它是公共体育课程资源直接的存在形式。如校内外有公共体育特长的班主任、辅导员、校医、社会公共体育指导员、家长、学生骨干等；校外公共体育馆、健身中心、康复中心等；大型运动会、公共体育节、社区公共体育、家庭公共体育等；图书馆、博物馆、科技馆等；利用广播、电视、网络等获取公共体育信息，观看公共体育比赛，并充实更新公共体育课程内容；利用江河、湖海、荒原、丘陵、森林、田野、高山、海滩、河滩等开展安全有益的野外生存、生活方面的教学与训练以及各种公共体育活动。这类资源易于开发，效果明显，只要在公共体育课程实施中合理开发利用，就会很快转化为公共体育课程组成部分和课程实施的条件，发挥其课程价值。

4. 已开发待利用的公共体育课程资源

这类课程资源价值的发挥必须通过公共体育课程实施，通过师生的互动和交流才能体现。当前由于教学方式和场地及设备条件等的限制，很多课程形态未能进入课程实施阶段，导致公共体育课程资源的闲置和浪费。如对现有公共体育运动项目的适度改造；对新兴和民族民间传统公共体育项目的利用开发；科学合理地编排公共体育课表；合理布局和使用场地器材；发挥公共体育器材的多种功能；一些优秀公共体育教师的教学录像带、光盘、课件、论文论著等，大都处于闲置状态，对这类课程资源需要合理管理和有效利用。

5. 待创生的公共体育课程资源

从总体上看，公共体育课程资源应在时间、空间和主体的三个维度中把握。从纵向上看，有历史、现实和未来三个时间段的公共体育课程资源，也就是说，还应该有现实中还没有的未来意义上的需要经过主体赋值的课程资源，即待创生的公共体育课程资源。这类资源是主体依靠自身的智慧在一定的时间、空间条件下创生的。与公共体育课程教学有关的人员可以创生公共体育课程资源，其他人员也可以创生公共体育课程资源，只是需要课程资源开发利用者主观的命定和筛选，并把创生的资源合理有效地运用到课程及课程实施中去，如开发公共体育远程教育资源、创立新兴运动项目等用于课程教学与训练。

第二节　公共体育课程资源系统的构建

一、公共体育课程资源基础建设的目标

资源建设存在许多层次和领域，对它的目标进行描述是比较困难的，资源建设目标又与时间有着密切关系，不同的历史时期有着不同的目标。因为公共体育课程建设的目标十分明确，是为实现教育目的服务的。但仅此不够，它还不足以明确提示公共体育课程资源建设的方向。从管理学的角度出发，人们经常采用目标管理，资源建设可以借鉴此种方法，划定资源建设目标层次。再根据不同的层次确定不同的目标，将目标与目标之间的联系搞清楚。最后，将建设任务一项一项落实为这些目标，并在建设任务完成后，检查总目标的实现程度，从而反馈调整下一轮目标的制定。

（一）公共体育课程标准的层次与资源建设目标

公共体育课程标准实行的范围较广，所以标准必须有较大的灵活性，在执行过程中要留有机动的余地。一般人们在制定公共体育课程标准时，都要思考课程标准层次的课程资源，对这个问题至今并未能认真研究，大多数情况下只是公共体育课程专家和公共体育教师对公共体育课程标准的资源背景有所了解。实质上公共体育课程标准建设的资源就是这些参与人的思想。

缺少公共体育课程标准层面的资源建设目标，造成公共体育课程改革提出的课程标准与公共体育课程资源有一定距离，致使改革只能停留在标准上，或者是用老套路对付新教材来开展教学，公共体育课程改革成效甚微。要解决这一问题，必须在制定公共体育课程标准时，研究实现课程标准的课程资源建设目标，了解公共体育课程标

准制定的资源情况，以真正制定出自己的课程标准，然后提出课程标准的课程资源建设目标，并积极进行课程资源建设。

（二）公共体育课程设计层次与课程资源建设目标

公共体育课程设计以什么为基础，这是公共体育课程设计层次的资源建设问题。课程设计是教育领域中的一个专业性的问题，专业研究人员、教师是这个专业领域的主要成员。经过专业培训的教师和研究人员都拥有一定的公共体育课程设计经验，至少在他们头脑中会有一定的先进教育思想做支撑，他们还会利用各种资源，如图书馆、资料室、有关仪器等。但是，对课程设计所需要的资源进行有目的的建设还不够系统，如指导思想、课程观念。对于课程设计者应提出具体要求，因为有些资源情况他们并不是很清楚，所以课程设计的资源不适应设计需要。

（三）公共体育课程实践与课程资源建设目标

课程实践，尤其是公共体育课程实践，不能单纯地按课程设计好的方案去实践。对公共体育课程改革的取向和研究认为，应该以创新取向为目标，即认为课程实践是公共体育教师创造性地理解课程和加工运用各种公共体育课程资源的过程，也是课程开发的重要一环。研制的课程走出研究室和教育行政部门办公室之后，进入公共体育课程实践阶段，才能成为真正富有生命力的事物，也才称得上是公共体育课程。否则，它不能成为课程。公共体育课程实践是全部公共体育课程事业极为重要的一个环节。公共体育课程思想、目标、设计、评价都与课程实践有关。所以，课程实践事关教育领域中的所有人，尤其是学生和教师两大主体，同时与课程资源有着密切关系，如教师和学生在教学活动中所面对的知识、思想、财物和经验等资源。在课程实践的层次上，这些资源都是体现在一定单位内的，如学校和教育培训机构。这些资源建设状况到底如何，要通过学校里的公共体育教师将各种资源转化为主动进行建设的资源，才能真正进入公共体育课程建设，成为公共体育课程活动的重要组成部分。因此，公共体育课程实践层次的资源建设目标，一是教师加工后用于教学的课程资源的能力，要达到一定的要求；二是学校要拥有相当数量，经过公共体育教师加工的公共体育课程资源，形成具有自己学校特色的公共体育课程资源库；三是学生要懂得运用公共体育课程资源，即学校具有培养学生获取、加工各种信息资源的条件能力。

（四）公共体育课程评价与课程资源建设目标

公共体育课程评价是随着公共体育课程不断发展而发展的一种教育专业技术，它已不是单纯地衡量公共体育课程建设结果，而是判断教师和学生的教与学的成绩的思维模式。它开始走向对课程领域的一切活动进行监测、检验、反馈和纠正。所以，它是公共体育课程活动的一个重要环节，也是公共体育课程管理专业化的途径之一。公共体育课程管理人员必须经过专业培训，获得公共体育课程评价业务。进行公共体育课程评价层次的课程资源建设，就是要管理者有足够的可依靠的评价资源。同时，公共体育课程评价不仅属于管理层，而且属于学生、教师等其他人士。一般而言，教师具有相当多的有关公共体育课程评价的专业知识，并且受过相应的专业训练。建设课程评价层次的资源，有利于教师及时获得资源，开展创造性的评价。

公共体育课程评价层次的课程资源建设目标，是参与课程评价的主体。在公共体育课程评价中需要运用的各种观念、技术和环境的来源，包括以下方面：①各种评价思想，如社会对学校教育和教学进行评价的基本思想、社会衡量人才的基本尺度、社会使用人的基本标准等；②各种评价技术，如心理测试技术、调查访问技术等；③与学校资源有关的各种指标，如师资结构、公共体育场馆设施、公共体育器材等；④与学校所处地域有关的资源指标，如学校所处地区的自然环境、经济状况、文化特点和其他特点等；⑤与学生背景有关的各种资源指标，如学生来源情况，包括知识水平、家庭经济状况、家庭所在地的环境等；⑥与社会对人才的需要有关的各种资源指标，不同时期，社会用人的标准不同，不同的标准构成学校公共体育课程评价资源背景，如现代学历社会。

二、公共体育课程资源基础建设应注意的几个问题

由于公共体育课程资源的建设问题对我们来说是一个全新的课题，所以需要深入的研究，从当前公共体育课程资源开发的实际情况来看，需要注意以下三个方面的问题：

（一）公共体育课程教材不是唯一的公共体育课程资源

长期以来，我国的公共体育课程资源结构都比较单一，除了把教材作为唯一的课程资源外，在公共体育课程资源的开发主体、基地、内容、条件等方面也很单一，而且尚未形成有机整体。

从公共体育课程资源的开发主体来看，主要依靠的是少数课程专家特别是公共体

育课程专家。他们开发的公共体育课程的学术品质可能是很好的，但就公共体育课程反映不同地区、不同学校和学生的差异性与多样性等方面就显出不足之处。对于那些反映地区和学校学生差异性的课程需求，地方、学校和教师应该具有更大的发言权，对于公共体育课程具体的学习资源的开发和利用，就更是如此。所以，公共体育课程资源结构要适应地区差异、不同学校的特点以及学生的个别差异，为学生提供更多的选择性，充分发挥地方、学校和教师乃至学生进行公共体育课程资源开发的主体作用。要给地方特别是学校以较大的创新时间和自主空间，使其在公共体育课程资源的开发、利用和更新等方面有更多的发言权和自主权。

从公共体育课程实施活动空间这个角度来看，学校的操场和教室成为最主要的条件性公共体育课程资源。在我国，还有很多学校特别是经济欠发达地区的学校还缺少相应的公共体育课程专用公共体育场馆、公共体育课程资源库等。公共体育课程的学习方式和内容主要集中在公共体育课程内容的课堂教学上，缺少课外的公共体育学习、课外公共体育实践等综合实践活动。

从公共体育课程素材或内容上看，侧重公共体育卫生、公共体育技能资源的开发，制约了公共体育课程知识的新进展，以及公共体育课程知识同其他学科知识间的相互渗透和融合，也远离了学生的生活经验。

从公共体育课程资源的载体形式上来看，公共体育课程资源的开发偏重于纸张印刷制品，甚至把公共体育课程的教科书作为唯一的公共体育课程资源加以固化，而对开发多样化的公共体育课程资源载体形式则认识不够、重视不够。

此外，校内与校外公共体育课程资源的转换协调机制还没能很好地建立。学校在现有的公共体育课程资源的结构、使用的时间、使用的方式和使用效率上，还需要进行调整和不断地完善。此外，还要拓展利用各种校外课程资源的途径，包括业余体校、公共体育俱乐部、各个工厂的各种公共体育场地器材设施等，还有丰富的自然公共体育课程资源，同时要积极开发信息化的公共体育课程资源，有效发挥各种公共网络的资源价值。

就公共体育课程教材本身而言，结构单一和落后于时代要求的特点也很突出。不可否认的是，公共体育课程教材是公共体育课程教学内容的重要载体，但是公共体育课程教材的开发和利用不能仅仅局限于学科知识，还应引导学生利用已有的知识与经验，主动地探索知识的产生与发展，同时应有利于教师创造性地开展教学活动，有利于培养学生的创新精神和实践能力、收集和处理信息的能力、获取新知识的能力、分析和解决问题的能力以及交流与合作的能力，发展对自然和社会的责任感。所以，公共体育课程教材的编写应符合公共体育课程标准的要求，遵循学生的心理发展特点，精选学生终身公共体育必备的基础知识和基本技能，从学生的兴趣与经验出发，尝试以多样、有趣、富有探索性的素材展示公共体育课程内容。事实上，现有信息技术的飞速发展和网络技术的广泛应用，给学校的公共体育教育带来了新的发展机遇，极大地弥补了公共体育课程教材的知识容量有限的缺陷。例如，公共体育课程的载体（特别是教材）将越来越不是学生学习的唯一渠道，或者说公共体育课程与公共体育教材的内容与外延将发生越来越大的变化。社会在高速发展，新知识、新技术、新技能层出不穷，显然，如果把公共体育课程教材当作《圣经》一样来解读，那是一种陈旧的、过时的学习方式。今天的公共体育课程教材已经不仅仅是学生课堂上使用的书本，而如何开发和利用公共体育课程的教学资源，是公共体育课程教材编写面临的新的重大课题。在公共体育课程资源的选取上，古老的问题"什么知识最有价值"被赋予了新的答案。那些有利于学生学会学习、学会思考、学会合作、学会创新和发展的公共体育课程资源在新的教育价值观的引导下，将占据主导地位。公共体育课程资源结构的重点在发生变化，学校成为公共体育课程资源开发的重要力量，网络资源异军突起，这些都为公共体育课程资源结构的优化提供了动力。

（二）公共体育教师是最重要的公共体育课程资源

公共体育课程资源，无论是素材性公共体育课程资源还是条件性公共体育课程资源，对于公共体育课程目标的实现范围和水平都是非常重要的。但是，在公共体育课程资源普遍紧张的情况下，我们要分析究竟哪些公共体育课程资源是最为基本的、哪些公共体育课程资源在整个公共体育课程资源中居于主导地位并对整个公共体育课程资源结构功能的发挥具有决定意义。

对于条件性公共体育课程资源来说，必须首先保证的是实施公共体育课程最基本的时间和空间，比如课时保证和基本的安全而必需的场地器材、物资和设备，这是公共体育课程实施的前提条件。没有这样的条件保证，就谈不上公共体育课程的实施问题。在具备了这些基本前提条件之后，条件性公共体育课程资源的建设则要量力而行。与条件性公共体育课程资源相比，素材性公共体育课程资源的开发和利用具有更大的灵活性和创造空间。其中，兼具条件性与素材性公共体育课程资源两种性质的人的要素，在整个公共体育课程资源特别是素材性公共体育课程资源的开发和利用中起着主导和决定性作用。换句话说，公共体育教师不仅决定着公共体育课程资源的建设、开发、积累和利用，是素材性公共体育课程资源的重要载体，而且公共体育教师自身就是公共体育课程实施的首要的基本条件资源。所以，从这个意义上来讲，公共体育教师是最为重要的公共体育课程资源，公共体育教师的素质状况决定了公共体育课程资源的识别范围、开发与利用的程度以及发挥效益的水平。事实上，随着公共体育课程改革的深化，公共体育教师是公共体育课程改革的关键因素，越来越引起人们的关注。许多公共体育教师甚至在自身以外的公共体育课程资源极其紧张的情况下，能"化腐朽为神奇"，实现了公共体育课程资源价值的"超水平"发挥。

所以，在公共体育课程资源建设的过程中，要始终把公共体育教师队伍的建设放在首位，通过这一最为重要的公共体育课程资源的突破来带动其他公共体育课程资源的优化发展。毫无疑问，学生的公共体育发展必须依靠训练有素的专业教师，教师必须做好准备以便能给在能力、需要、经验和学习方法方面各有不同的学生提供优质的公共体育教学。所以，相关部门应该为教师提供专业发展的机会，提高教师进行有效教学所需的能力。用于这种发展的资金和专业时间，是教育预算的一个重要部分。当然，重视公共体育教师资源并不意味着轻视其他公共体育课程工作人员的作用，他们也发挥着公共体育课程资源的作用。

（三）公共体育课程资源的建设必须纳入课程改革计划

公共体育课程改革政策的推行必须有公共体育课程资源的支持。"如果制定政策时没有考虑实施政策所需的资源，而且如果没有必要的资源，学校、教师和学生就会处于要求得不到满足的局面。"所以，公共体育课程资源的建设必须纳入课程改革计划，必须在政策上保证各种公共体育课程资源及其责任主体能够得到落实。国家和各级政府在教育政策上必须保证为公共体育课程分配足够的基本资源，使其达到实施公共体育课程标准的要求，包括提供足够的专业教师、时间、适当而安全的场地器材。最重要的公共体育课程资源是专业教师，这是本节的一个基本观点。同时，时间也是重要的公共体育课程资源，公共体育课程计划必须有充足的时间保证，以适应学生学习、活动和所学内容的需要。全国教育科学"十五"规划教育部重点研究课题"中国西部地区农村学校公共体育管理体制、课程结构和资源开发的实验研究"的开题报告中，明确了第一研究步骤就是时间的保证的问题，即 2002 年 9 月至 2003 年 8 月为第一阶段，各实验学校结合自身特点探索落实学生每天一小时公共体育活动的方式，全面提高学生体能。此外，教师的教学准备和常规进修时间也必须纳入日常教学安排。

公共体育课程资源的建设还必须充分考虑到公共体育课程资源的消耗、补充、维护和更新所需的投入，要有课程成本的理念。学校提供适当的基础设施，可以使教师有更多的时间去做更适当的工作，并确保在需要时可以获得必要的教学材料。时间、空间和学习材料是有效的科学学习环境中的几个极其重要的组成部分。创造良好的教学环境，也是每个教师应有的责任。教师在公共体育课程资源的安排与利用上要起主导作用，但是学校的行政管理人员、学生、家长，以及社区成员也都必须担负起他们应该担负的责任，确保公共体育课程资源能够被充分利用。

为学生提供多种机会让他们参加一些感兴趣的公共体育研究，这些活动应该是学生学习的一个有机组成部分。要创造一种灵活的、有助于探索研究的学习环境，确保学习环境的灵活性、自主性、探索性和安全性。教师必须能掌握公共体育课程资源，也必须被赋予权力，使自己不但能够选择出最适合的材料，也能决定什么时候、什么场所以及用什么样的方式让学生去利用这些公共体育课程资源。教师在做选择的同时，既要考虑学生的安全、课程资源的适当用途可获得性，也要让学生能够提高积极参与探究性学习的兴趣和能力，让学生有通过多种渠道获取、评估和使用信息的机会。

综上所述，公共体育课程资源的开发和利用必须纳入课程改革计划，得到公共体育课程政策上的保证和支持。否则，公共体育课程资源的建设将举步维艰。

三、公共体育课程资源基础建设的意义

公共体育课程资源建设是依照教育目的、育人目标及公共体育课程标准，对可能有关公共体育课程发展的各种公共体育课程资源进行整理，突出其在公共体育课程中的独特功能，形成丰富的资源库，供教师和学生在课程实践中使用，规范教学行为，提高教学质量。资源建设的意义就在于它与教育目的、育人目标有关，与相关人员有内在联系，更重要的是它关系到公共体育课程建设的质量。

（一）保证育人目标与公共体育课程建设可利用资源的一致性

育人目标是国家在一定社会条件下提出来的，它不是固定的，是随着社会的发展而变化的。这里面的社会条件和社会发展本身就是课程资源，不难理解课程目标的确定也要依赖于课程资源，它们本身就有内在联系。

有一些公共体育课程资源是基于其他社会功能才产生的，如政治功能和经济功能等，它不是直接作为教育内容为课程建设而出现，所以这些作为课程内容是隐性的。如电视节目，人们只想到它有娱乐功能、电视广告的经济功能，对于隐含在节目中的教育功能就会被忽略。又如一个运动会、一场球赛，人们只会欣赏运动员的竞技能力

和技术，只关心胜负。但是，这里有很强的教育功能隐含其中，只有从事教育工作的教师、专家才会去研究它的教育功能，把它纳入课程资源建设中。

（二）提高公共体育课程资源的质量

公共体育课程资源建设是一个资源提炼过程。为了突出资源的教育性，排除其他干扰因素是必然的，这样才能保证资源的质量，实质上就是提高课程资源的教育地位。在课程资源建设中要特别关注创新因素，没有创新就没有发展，创新因素越丰富，对现代教育来说，课程资源的质量就越高。

（三）建立规范的公共体育课程资源市场

教育发展的历史证明，现代教育之前，对教育的规范要求不是很多。所以，当时的教育带有很大的随意性，没有一个基本标准。但是，经济全球化的现代教育就不同了，先进科学技术的发展促使教育向国际化发展，综合国力世界范围的竞争转移到教育的竞争，以科技人才培养的质量作为教育的衡量标准，我们新的课程体系已经具有世界意义，构成了与其他国家有可比性的基础。教育受世界经济发展的制约，所以，不论是谁都不能对教育发展的基本问题采取随意的、不负责任的行为。只有采取积极的态度，集中精力研究，科学化地开发，不断积累各种课程资源建设的素材，加工整理，用于课程建设，建立和完善、规范课程资源市场，才能为教育的不断发展提供坚实的物质基础。

公共体育课程资源建设在这里带有共性的东西多，所以与其他类课程基本相同。

四、公共体育课程资源系统的结构要素

（一）公共体育课程人力资源子系统

公共体育课程人力资源是指公共体育课程活动组织所拥有的劳动的总能量。公共体育课程人力资源子系统主要包括以下几个方面：

1. 公共体育课程人力资源需求系统

大部分情况下，教育是由政府部门或社会团体主办的，它们是人力资源活动的需求主体。具体单位有公共教育事业单位、教育企业（私立或民办学校、培训机构）、公共体育课程研究或开发机构、公共体育课程用材加工和流通企业，等等。公共体育

课程人力资源需求也必须坚持"劳动的边际生产力，决定人力资源的需求"的规律。

2.公共体育课程人力资源供给系统

公共体育课程人力资源供给系统包括人力资源培训机构、受训人员等具有参与公共体育课程活动的能力的劳动者。公共体育课程活动的劳动供给必然受市场规律的制约。按市场规律，劳动者只有在一定的资源条件下，才能提供一定量的工作时间。因此，不顾参与者工作时间的限定和工资收入的状况提出的公共体育课程开发方案往往不能长久发展。

3.公共体育课程人力资源配置系统

它在实质上是市场配置系统，主要包括劳动力、用人单位、交换品、劳动交换场所、价格、劳动力供求关系等六种要素。人力资源配置机制主要表现为价格机制、竞争机制和供求平衡调节器。市场是公共体育课程人力资源配置的主要调节器。因为"在财政结构、实行控制的社会根源及整个系统不协调的规模已经规定的条件下，任何个人都一事无成"。所以，我们应该多考虑如何发展市场，而不是把主要精力放在思考如何干预市场上。

4.公共体育课程人力资源开发系统

公共体育课程活动依赖、受制于整体的人力资源开发状况。它包括竞争与保障系统、价格机制与利益激励系统、宏观调控与人力资源环境系统、公共体育课程人力资源生产系统。

5.公共体育课程人力资源管理系统

人力资源管理是以人为对象，通过调动人的积极性、主动性，开发人的劳动潜能的管理活动。它包括人的自然实体系统；人的社会属性系统；人的心理动机系统——需要、动机、理想、信念等；人力资源管理过程系统——计划、录用、调配、升迁、考核、培训等。

（二）公共体育课程物力资源子系统

现代课程活动不仅有具体形态的物质内容，而且离不开财力——符号化了的物力的支持。所以，公共体育课程物力资源子系统由物质资源系统和财力资源系统组成。

1.物质资源系统

按性质，公共体育课程物质资源又可分为自然物质资源与人造物质资源两个系统。

（1）自然物质资源。自然物质资源系统是指人们可以感知的自然现象，主要包括颜色、阳光、水、土壤、声音、空气、味道、生物等。

（2）人造物质资源。人造物质资源系统指人类创造的各类物质系统，主要包括场地、公共体育器材等。

2.财力资源系统

公共体育课程财力资源系统可按来源分为以下三部分：

（1）国家公共体育课程财力资源。国家公共体育课程财力资源是指一个国家和各级政府可能用于公共体育课程活动的最大财力的指标。它由这个国家的国民经济发展规模和水平所决定，是主要的公共体育课程财力资源保障。

（2）社会公共体育课程财力资源。社会公共体育课程财力资源是指各种社会组织（企业、社会团体）提供的公共体育课程活动的财力支持。

（3）教育机构公共体育课程财力资源。教育机构公共体育课程财力资源是指学校和其他教育机构用于公共体育课程开发、实施和评价的财力。学校公共体育课程财力资源的获得一方面是国家和政府的拨款，另一方面是学费的收入、社会捐助、校产收入等。

（三）公共体育课程思想资源子系统

公共体育课程思想资源子系统是指一切有可能参与公共体育课程活动之中，影响公共体育课程活动的各类人员所具有的全部思想观念。

1.公共体育课程控制与管理者

公共体育课程控制与管理者包括国家和政府的管理人员、教育行政管理人员、学校管理人员。他们的思想有可能成为法律、政策、行政措施的来源，进入公共体育课程活动。

2.公共体育课程研究者

公共体育课程研究者包括公共体育课程专业研究人员、学科专家、专家型教师的思想意志，有机会成为公共体育课程活动的直接思想来源。

3.公共体育课程实施者

公共体育课程实施者包括公共体育课程活动中最活跃的两个方面：教师和学生。教师在公共体育课程活动中扮演着非常重要的角色。如果教师参与了公共体育课程设计，那么其就能比较容易、准确地领会公共体育课程设计的原意。如果教师并未参与公共体育课程设计，并且培训不到位，教师对公共体育课程设计的理解就难以达到完全彻底，公共体育课程设计思想在实施中就可能被忽略、曲解。学生的思想状况也是公共体育课程的重要资源，因为"学生应该亲自参与公共体育课程规划和公共体育课程评价"。[①]

---

① 鲁洁，柳明.创新型校长领导艺术宝典 [M].通辽：内蒙古少年儿童出版社，1999.

4. 公共体育课程活动外部的各种各样的人

即家长、社区人员、社会其他人员的思想,也常以主动的态度试图参与公共体育课程活动。

(四)公共体育课程知识资源子系统

知识是一个庞大的系统。它既包括常识,又包括理论知识;既包括自然知识,又包括社会知识。公共体育作为人类的文化现象,是具有实践能动性的人类改造客观世界及人自身自然体的产物。人的公共体育意识是在人类改造世界的漫长历史中,随着人的本质的对象化和自然的人化而产生和发展起来的。所以公共体育既是一种按照人的目的、意志、理论去发展改造世界的创造性活动,又是一种合乎规律性的活动。所以,可以把公共体育课程知识资源分为两大类:理论部分和实践部分。

1. 理论部分

公共体育课程知识资源的理论部分内容主要包括运动项目的技战术理论和其他运动知识、运动健身的原理与锻炼方法、运动损伤的预防与处理措施、公共体育养生及保健知识、心理卫生与心理咨询公共体育锻炼的自我监督与评价方法、运动方式、健康的基本概念及野外生存知识等。公共体育课程知识资源的理论部分为我们进一步了解公共体育与人类发展的关系及公共体育的基本原理和对身心发展的作用提供了依据。

2. 实践部分

公共体育课程知识资源的实践部分以运动项目为主,主要包括田径、篮球、排球、软式排球、足球、网球、乒乓球、羽毛球、武术套路、武术散手、健美操、健美、艺术体操、形体、定向运动、保健公共体育、攀岩、女子防身术、跆拳道、野外生存等内容。实践部分为锻炼者提供了各种健身内容与锻炼方法,使参与公共体育锻炼的人在学习、掌握运动技能过程中引发运动兴趣养成锻炼身体的习惯;使公共体育成为提高生活质量的一项重要内容,并为终身公共体育奠定良好基础。

第三节 公共体育课程资源的开发

一、公共体育课程资源的开发原则

原则规范人们的行为,是正确行动的根据、尺度和准则。公共体育课程资源的开发需要一定行为规范。根据公共体育课程的特点，笔者认为公共体育课程资源的开发应该遵循以下几个原则：

（一）科学性原则

公共体育课程资源开发的科学性首先应该体现在有一定的目标性，要为实现一定的目标服务。要有利于达到公共体育课程目标，有利于丰富公共体育课程内容，有利于提高公共体育课程的质量。不同的目标指向应该对应开发相应的公共体育课程资源。但是，由于公共体育课程资源本身具有多功能的特点，这使同一公共体育课程资源可以服务于不同的目标。这就要求在明确目标的前提下，认真分析与此目标相应的公共体育课程资源，认识与掌握它们各自的性质和特点，找出最有助于实现该目标的公共体育课程资源开发途径。

公共体育课程资源开发的科学性还应体现在它的可行性和可操作性上。在开发过程中要考虑学校的特点、实际条件、学校实际状况、学生身体素质情况、教师专业能力、办学规模、校园环境空间和自然环境等条件，从实际情况出发，实事求是地发挥地域优势、民族特性、学校特点和教师特点，突显学校的公共体育特色，展示公共体育教师的能力和风格，发展学生个性，扬长避短，因地制宜、因人制宜、因时制宜地开发与利用学校公共体育课程资源。另外，需要强调的是，在课程实施中应注意开发最适合公共体育学科特点的课程资源，不盲目仿效其他学科教师的做法，"依样画葫芦"，失去公共体育学科的特质，混同于其他学科，缺少公共体育学科的特色。

（二）开放性原则

公共体育课程资源开发的开放性包括类型的开放性、空间的开放性和途径的开放性。类型的开放性是指不论以什么类型、形式存在的课程资源，只要有利于提高教育教学质量和效果，都应是开发与利用的对象。空间的开放性是指不论是校内的还是校外的、城市的还是农村的、中国的还是外国的，只要有利于提高教育教学质量，都应加以开发与利用。途径的开放性是指课程资源的开发与利用不应局限于某一种途径或方式，而应探索多种途径或方式，并且能够尽可能地协调配合利用。

所以，我们要以一种开放的心态去面对身边形形色色、多种多样的公共体育课程资源，无论是在山川平原、江河湖海还是校园内外、城市乡村，无论它们是物质的还是非物质的，只要有益于公共体育课程活动，一切可能的课程资源都要去开发与利用。

（三）经济性原则

公共体育课程资源开发的经济性包括开支的经济性、时间的经济性、空间的经济性和学习的经济性。应尽可能开发与利用那些不需要多少经费开支的课程资源，应尽可能开发与利用那些对当前教育教学有现实意义的课程资源。这就要求我们在公共体育课程资源的开发过程中利用科学的方法，对开发的内容进行论证和设计，规划合理的行动方案，采取有效行动，以达到少投入多开发的目的。

公共体育课程资源的开发是一项涉及范围广、影响大、问题多而复杂的工程。在开发过程中，必然要牵涉到一定的人力、物力、财力和时间的投入。我国教育科研人员短缺、教育经费不足。所以，公共体育课程资源的开发要有成本意识，要用有限的学校公共体育经费，最大可能地支持学校公共体育课程资源的开发与利用；尽可能开发与利用那些对当前学校公共体育教学和公共体育课程建设与发展有现实意义的资源，不能一味地等待；要充分发挥公共体育器材设施的功能，就地取材，不舍近求远和好高骛远，避免现有公共体育器材设施的闲置和浪费现象；要尽可能利用与开发能够激发学生公共体育学习兴趣及有助于公共体育知识、技能学习和掌握的课程资源，以促进学生的主动参与，尽可能花费较少的开支和精力，达到理想的效果。

（四）安全性原则

众所周知，公共体育课程的实施是在相对比较开放的环境中进行的，各种显性以及潜在的因素错综复杂，一旦掉以轻心，意外事件就可能发生。对于攀岩、游泳、滑冰、武术等隐含不安全因素的项目必须切实加强安全教育，提高课程资源开发主体的安全意识，做好组织工作，为学生的安全负责。

（五）健身性原则

公共体育课程资源非常丰富，学生需要学习的东西很多，远非公共体育课程所能包揽，所以必须在可能的课程资源范围内和在充分考虑课程成本的前提下突出重点，并使之优先得到运用。比如，"健康第一"是学校教育的指导思想。公共体育课程的主要目标就是培养学生具有健康的体魄，也可以说，是以身体练习为主要手段，通过合理的公共体育教育和科学的公共体育锻炼过程，达到增强体质、增进健康和提高公共体育素养的目的，为将来参与工作和生活打下身体基础。所以，开发的公共体育资源必须具有健康价值，或者说具有健身性，应与公共体育课程的目标一致，这是第一位的；应把最具有健康价值或健身性的公共体育课程资源筛选出优先运用于课程，同时重视课程内容的公共体育文化含量。

（六）注重地方性和民族性原则

公共体育课程资源开发与利用要注重地方性和民族性特色。我国地域辽阔、民族众多，不同的地区、不同民族的文化背景不同，公共体育课程资源也存在很大的差异，再加上不同的学校性质、教育目标、教育对象、师资、条件等客观的差异性，使得公共体育课程资源开发和利用的差异也客观存在。因此，课程资源的开发与利用不应千篇一律，而应从实际出发，发挥地域优势，突显学校特色，区分学科特性，展示教师风格，突出个人特性。我国的民族公共体育文化源远流长、丰富多彩，应当大力开发和利用，如蒙古族的摔跤、藏族的歌舞、维吾尔族的舞蹈、朝鲜族的荡秋千、白族的跳山羊等。在利用民族、民间公共体育项目时，有的需要加以改造，使之更加符合学生的身心需要。公共体育学科的特殊性与公共体育课程资源的丰富多样性，给我们留有很大的开发和利用的空间。只有广大公共体育教师都真正参与到学校公共体育课程资源的开发和利用中，我国的公共体育课程建设和发展、学校公共体育教学水平才能更加有效地提高和发展。

二、公共体育课程资源的开发途径

（一）筛选

筛选是通过比较和分析确定一定数量的样本。然后运用相关分析、回归分析、主成分分析等方法优选样本。筛选可以通过建立筛选模型来进行，也可以采用筛选法。公共体育课程资源是一个非常庞大的系统，在这个系统中，公共体育课程能吸收的公共体育课程资源是有限的。并不是所有的公共体育课程资源都可以进入公共体育课程，只有那些体现现代教育思想，符合教育目标，符合学生需要的内容、方式、方法及环境因素才能成为公共体育课程的构成要素或实施条件。这就要求我们在浩如烟海的课程资源中选择最有效、最有价值的一部分。这一辨别选择的过程就是公共体育课程资源的筛选。

例如，各种不同的公共体育课程价值观是制定公共体育课程目标的重要资源，不同的时期、不同的对象、不同的视角，对公共体育课程价值的理解是不同的。在我国公共体育教育史上就存在国民兵器价值观、军国主义价值观、国粹公共体育价值观、体质教育价值观、技能教育价值观、竞技公共体育价值观、终身公共体育价值观、公共体育教育价值观、快乐公共体育价值观、保健公共体育价值观等。不同的公共体育课程的价值取向，会产生相应的目标体系。这一公共体育课程价值取向的确立过程，就是公共体育课程目标资源的筛选过程。

又如，在现代生活中，广播、电视、书刊、媒体等大众媒体和计算机网络是公共体育课程各种重要信息的来源，尤其是网络，它所提供的信息对学生的公共体育态度、兴趣、情感等有很大的影响。而这些信息本身是良莠不齐的，有的是积极的、正面的；有的却是消极的、负面的，学生缺乏对各种信息的鉴别能力。这就需要有目的地处理和运用各种信息，排除不良信息的干扰。由此可见，公共体育课程资源的筛选要反映教育的理想和目标，反映社会进步的需要和发展方向，满足社会和学生发展的需要，符合学生身心发展的特点，满足学生兴趣、爱好和发展的需要，与教师的修养和知识水平相适应，符合本地、本校的实际情况。

1. 筛选的特点

确定选择标准是运用筛选的关键。不同的开发主体，由于各自的经验背景、开发的层次、开发的目的及看问题的角度等方面的差异，其筛选课程内容资源的标准在具体操作上可能会有所差异：公共体育学科专家在运用筛选方法时可能会更多地考虑到一些宏观方面的标准，如国家的教育政策、学校公共体育的指导思想、公共体育课程标准的要求；公共体育教师在运用筛选方法时除了要考虑公共体育课程标准的要求外，会更多地考虑一些微观方面的标准，如学校的公共体育场地、器材方面的条件、学生的实际需求等；学生在筛选课程内容资源时则会更多地考虑到对公共体育教师的要求和自己的兴趣、爱好和特长等。

筛选在一定程度上解决了公共体育课程实践中的一些问题。"教不完""教不会"是公共体育课程实施过程中常见的问题，筛选通常是解决该问题的主要手段。筛选通常表现为两个层次：一是面对大量的公共体育课程内容资源，在公共体育教材中不可能全部反映出来，所以公共体育学科专家在编写公共体育教材时必须要对各种公共体育课程内容资源进行筛选。二是公共体育教材中所呈现的内容，由于场地器材、教学时间等方面的原因，任何一所学校都不可能全部教给学生，而且在实践中，公共体育教师还需要面临这样的难题，即选择多少公共体育课程内容才是合适的，因为公共体育课程教学的总时数是有限的，选择的内容数量越多，每个内容平均的学时数就会相对减少，反之亦然，所以上什么、不上什么，对公共体育教师而言同样也涉及如何筛选的问题。

筛选结果一般表现为数量上的变化，而非质量上的变化。这就是说，筛选是为了从大量的公共体育课程资源中选出少量的公共体育课程内容。而每个所筛选出的公共体育课程内容在具体性质上基本上没有发生改变。例如，我们选择乒乓球为高校学生公共体育课程内容，在具体的乒乓球的技术、战术、比赛规则、场地器材等方面基本上与社会上所开展的乒乓球是一样的，没有什么差别。

筛选的优缺点。优点是运用起来简单、便捷；缺点是灵活性和适应性较差。表现在公共体育学科专家和公共体育教师所选择的公共体育课程内容有时可能会与学生的身心发展特点不一致，导致他们学习上的困难。

就使用对象来说，公共体育学科专家、公共体育教师和学生在公共体育课程内容资源开发中都可以通过这个途径，但相对来说，公共体育学科专家在编写公共体育教材、公共体育教师在确定公共体育课程内容时运用比较普遍，而学生则使用得较少，筛选主要用于公共体育课程的知识资源和身体练习资源的开发。

2. 筛选的步骤

开列内容清单。尽可能地将所要开发的公共体育课程内容资源列出来，以供选择。例如，野外运动项目的开发，首先要搞清楚野外运动项目总共有哪些，并将其一一列出来。

确定选择标准。选择标准因开发主体不同、开发目的不同而在具体内容上会有所差异。但一般要考虑的因素有国家的教育和公共体育政策、学校公共体育指导思想和目标、公共体育课程标准、学校的公共体育环境、师资、公共体育教材、学生的特点、具体的课堂教学目标等。

按照选择标准筛选出合适的公共体育课程内容。值得注意的是，为了避免筛选法的不足，在实际的公共体育课程内容资源开发过程中，还要尽可能地将筛选途径和其他途径结合起来。

（二）改造

改造是指根据对公共体育课程具体实施对象和条件要求，对原有公共体育课程资源或某个构成要素进行加工、变化、修改的过程。改造是公共体育课程资源转化为公共体育课程要素或条件的基本前提。竞技运动教材化的改造，就是对公共体育课程资源进行改造的典型例子。

竞技运动是一种具有竞争性、挑战性、规则性和娱乐性的身体活动，它具有很强的教育功能。它以教材、手段为载体，服务于公共体育课程，是构成学校公共体育课程内容的主体，是重要的公共体育课程资源。但是，这并不意味着竞技运动可以原封不动地、盲目不加选择和修改地把那些运动技术过于复杂、难度过大、规则过严的竞技运动项目照搬到学校公共体育教材中来，直接运用于公共体育课程之中，而是应根据不同年龄阶段学生的生理、心理特点、教学目标、公共体育设施情况以及学生运动能力等综合因素，对竞技运动项目进行必要的加工和改造，如简化规则、降低难度、简化技战术、调整场地器材等，使其能面向广大的普通学生，能受到学生的喜爱，能在有限的教学课程中让学生基本掌握一些运动的知识和技术，以达到健身育心的效果，成为发展身体、增强体能、增进健康必不可少的公共体育手段。

又如，对现有公共体育场地、设备进行改造，也是开发公共体育课程资源的有效方法。学校应该对现有的公共体育场地进行合理的调整和规划，采取有效的措施，对公共体育场地进行改造，最大限度地发挥公共体育场地的空间，提高公共体育场地的使用效率。如在现有的标准篮球场边安装多个不同高度的篮球架，供不同年龄和身材条件的学生使用；利用篮球场地或排球场地进行小足球活动等。

1. 改造的特点

变化和创新是改造的核心。经过改造后的公共体育课程内容尽管保留了原来的一些元素和特征，但是在性质上已经发生了变化，已经"面貌一新"。所以，改造的过程实际上是一个对原有公共体育课程内容资源进行创新和重构的过程。

改造的具体方式是多种多样的。在运用改造法进行公共体育课程资源开发时，具体的方式有很多，但每一种方式运用的条件和效果都有所不同。

改造的具体内容具有多元性。改造既可以是功能性的，也可以是结构性的；既可以针对原有公共体育课程内容资源个别要素，也可以针对多个要素；既可以是整体、系统的改造，也可以是局部、部分的变化；既可以是民族、民间文化如民间歌舞或民族传统运动项目的推陈出新，也可以是国外新兴运动项目的本土化改造和引进；既可以是对单一动作结构和组合动作结构的身体练习的变形，也可以是对活动性游戏或运动项目的改造等。

改造是建立在个体经验的基础上的，所以改造具有一定难度。改造对使用者的能力要求比较高，如果使用者不具备一定的改造公共体育课程资源的知识、方法、能力以及技巧，是很难对各种公共体育课程内容资源进行有效改造的。

改造的主要使用对象是公共体育学科专家、公共体育教师以及具有一定改造公共体育课程资源能力的学生。从各个公共体育课程资源开发主体的不同特点来看，使用改造最频繁的是公共体育教师。因为为了提高公共体育课程内容的适应性和可操作性，他们时刻要根据学校条件，自身特点，学生的兴趣、爱好及身心发展特点等，对各种公共体育课程资源进行改造，以适应具体的公共体育课堂情况。改造方法主要用于身体练习资源的开发，尤其是活动性游戏资源和运动项目资源的开发，改造方法也可用于学生经验资源以及公共体育课程内容其他资源的开发，如对民族、民间歌舞的改造等。

2. 改造的步骤

改造既可以是功能性的，也可以是结构性的；既可以针对原有公共体育课程资源个别要素，也可以针对多个要素，甚至可以是整体的、系统的改造。改造的步骤一般分为以下几步：

对现有公共体育课程资源和构成要素进行分析。公共体育课程资源都是由一定的基本要素所构成的，如竞技公共体育、民族传统公共体育、新兴公共体育运动等都是构成公共体育课程内容的来源，是公共体育课程内容资源的构成要素。场地、器材、设备、时间、空间和环境是公共体育课程条件性资源的构成要素，是公共体育课程得以实施的基本保障，我们首先必须对这些所要开发的课程资源的构成要素进行分析，掌握它们的特性和可开发性。

根据学校的条件和学生的特点确定改造的具体内容和方法。如对学生的年龄、性别、兴趣、爱好、生理发育特点、心理发育特点、生活经验基础、学校的场地、器材设备条件等进行分析，确定改造方案。

按照一定的目标和原则对公共体育课程资源进行改造。对公共体育课程资源的改造不是随意的，应该有明确的目的，遵循一定的原则进行。一般来说，应遵循主体性、主动性、实效性、可接受性、全面性、选择性、教育性、趣味性及安全性等原则。毛振明提出，在竞技运动项目教材化的过程中，应考虑以下几个方面：①向动作教育方向教材化；②向游戏方向教材化；③向理性方向教材化；④向文化方向教材化；⑤向生活、实用方向教材化；⑥向简化方向教材化；⑦向变形方向教材化；⑧向运动处方方向教材化等。

（三）整合

整合是指将不同的公共体育课程资源，按照一定的组合方式，形成新的公共体育课程资源的方法。我们所拥有的公共体育课程资源是以不同的形态、不同的方式存在着的，它们在公共体育课程活动中起着不同的作用。面对这一庞大的公共体育课程资源，不可能将其全部纳入公共体育课程之中。所以，必须要有一个筛选、合并、重组、优化、精简的过程，这一过程就是公共体育课程资源的整合。

通过对公共体育课程资源的整合，可以对不同形态、不同内容、不同作用的公共体育课程资源进行优化，使公共体育课程资源由静变动、由窄变宽，最大限度地利用公共体育课程资源的作用。

1. 整合的特点

整合的范围非常广泛。从理论上来说，整合的范围是没有边界的，涉及所有公共体育课程资源。既有与公共体育课程联系非常紧密的知识、身体练习资源，也有与公共体育课程联系不太紧密的知识、技能或其他资源，如数学、语文、艺术等课程中的某些知识和技能等。

整合的层次和方式多种多样。整合既可以是空间上的整合，也可以是功能上的整合，还可以是结构和要素上的整合。整合既可以发生在同一类型的公共体育课程资源之间，如知识资源与知识资源的整合，也可以发生在不同类型的公共体育课程资源之间，如知识资源与思想资源的整合；整合既可以发生在公共体育课程内部，也可以发生在公共体育课程与其他课程之间。此外，整合还可以是跨领域、跨学科的，如公共体育与历史相结合可以研究公共体育项目的起源、公共体育与生物学科相结合可以探讨运动的生物功能、公共体育与物理学科相结合可以探讨运动人体力学和肌肉的关系等。这些主题式的研究性学习，同样可以提高学生的学习兴趣，改变学生的学习方式，培养学生的创新思维和创新能力。整合的方式也是多样的，既可以是单一性的整合，也可以是综合性的整合。

整合的关键环节是提炼。整合的效果主要取决于对不同公共体育课程资源要素的提炼，也就是要尽可能地把各个要素的最"精彩"之处结合在一起。

就开发主体而言，使用整合方法的主要是公共体育学科专家和公共体育教师，学生在公共体育教师的指导下，也可以采用这种方法进行公共体育课程内容资源的开发。整合方法可以用于各种公共体育课程内容资源的开发。

2. 整合的步骤

在整合公共体育课程资源时，我们要遵循实事求是的原则、适应性原则和发展性原则。整合的步骤一般为：

第一，确定整合的主要目的。采用整合的方法对公共体育课程资源进行开发，首先要明确目的：是为了更加有效地发挥公共体育课程资源的功能，还是为了提高公共体育课程资源的利用率；是为了整合公共体育课程而对公共体育课程资源进行整合，还是对部分未能进入公共体育课程的部分公共体育课程资源进行二次开发。不同的整合目的，需要不同的整合方式。所以，我们首先要确定整合的目的。

第二，确定整合的方式。分析所要整合的公共体育课程资源的要素和特点，制订整合方案。分析所要整合的公共体育课程内容资源的要素特点，确定整合的方式。公共体育课程内容资源的各要素之间有多种整合方式，以篮球和排球的整合为例，其就可能有十几种整合的方式，如果三个以上的运动项目进行整合，其方式将会更多。所以，有必要对整合的要素进行精心选择和设计。另外，在对知识资源与身体练习资源进行整合时，还要注意分析所要整合的知识点，以及这些知识点如何与身体练习的要素进行结合等问题。

第三，按照一定的原则进行整合。在整合之前，可能还要运用改造方法对一些要素进行必要改造，以便使整合后的公共体育课程内容具有更强的适应性和可操作性。

第四，检验与修改。将整合后的内容通过教学等途径实施，以检查其可行性和发现所存在的问题，然后再做一定的修改和调整。

（四）拓展

拓展是指对原有的公共体育课程内容资源在形式、具体内容及功能等方面进行扩展、补充，使公共体育课程内容在具体内容和形式上更加完整，在功能上更加全面的方法。例如足球，除了公共体育教材上的内容外，还可以根据学生的特点，进行一定的补充，如增加有关足球运动发展历史的介绍、足球动作的图片、足球赛的录像（或电影），以及报纸、期刊关于足球明星的报道等。

1. 拓展的特点

拓展是围绕一个具体的公共体育课程内容资源来进行的。由于拓展的主要目的是使原有的公共体育课程内容更加丰满、完整，所以拓展主要是围绕某一个具体的公共体育知识或身体练习等来进行的。例如投掷内容可以从单一的右上手投，延伸到左上手投，拓展到单手下投、飘投、抛投以及双手向前、向后、向上抛投等。

拓展的方式多样。拓展分为内容上的拓展、形式上的拓展和功能上的拓展三种。内容上的拓展主要是围绕某个知识资源或身体练习资源补充一些相关的材料，如"吸烟与健康"的课题，就可以补充诸如"吸烟与寿命""吸烟与疾病""吸烟与智力""吸烟与环境"等方面的材料。形式上的拓展是扩展课程内容呈现的形式，如对文字形式呈现的公共体育课程内容，可以补充电影、图画、照片、图表、光盘、模型等其他形式的内容。功能上的拓展主要是尽可能地挖掘公共体育课程内容多方面的功能。例如攀爬练习，其主要功能是发展基本活动能力，为了实现不同的课程目标，可以将其功能向改善心理品质、提高社会适应能力等方面扩展。

活动是拓展的重要途径，特别是以学生为主体进行公共体育课程内容资源的拓展时，公共体育教师可以通过组织各种活动来进行。例如对奥运知识的拓展，就可以通过组织奥运知识竞赛、象征性奥运火炬接力、奥运演讲比赛、奥运物品收藏展示等多种活动来进行。

拓展方法总是与筛选和改造方法结合在一起运用。由于拓展后的内容非常丰富，有些可能并不适合学生或学校的特点，所以必须对这些内容进行相应的筛选和改造。

公共体育学科专家、公共体育教师、学生皆可以使用拓展方法进行课程内容资源开发。这个方法通常在学校层面运用得更为普遍，所以使用对象主要是公共体育教师和学生。拓展方法主要用于知识资源和身体练习资源的开发，也可以用于学生经验资源的开发。

2. 拓展的步骤

分析公共体育课程资源的性质和特点，也就是分析各公共体育课程资源的内容结构、呈现方式、主要功能等方面的特点，以便为如何对该内容进行拓展提供依据。

分析拓展的具体内容，寻找拓展的空间。即考虑从哪些方面进行拓展，是进行内容结构的拓展，还是呈现方式或主要功能的拓展等。

尝试对公共体育课程内容资源进行拓展。拓展时要充分利用学校、社区和家庭的各种条件，如图书馆、资料室、网络、书店等，并注意对拓展的内容进行必要筛选、改造等，使其具有可行性和可操作性。

整理、实施与总结。对拓展后的内容通过课堂教学实施，并对实施的情况进行总结，还要分门别类地进行整理，有些内容可以作为资料长期保存，有条件的还可以建立相关的资料库。

（五）共享

共享是指公共体育课程资源在一定的条件下，被两个或两个以上的单位或个人使用的一种形式。共享是提高公共体育课程资源有效利用率的方法。在现实生活中，有些资源不需要人为地创造，本身就具有共享的特性，如阳光、空气等；而有些公共体育课程资源则需要通过一定的条件，才可以实现为他人共享。在我国，学校公共体育课程资源存在严重的不均衡性，表现在资源的地区分布、开发利用和发展三个方面的差异。资源共享一方面可以实现校校、学校与社会之间，甚至学校各个部门之间公共体育课程资源的优势互补与稀缺资源的共享；另一方面，对于学生而言，资源共享可以使学生享用到优质的公共体育课程资源，提高他们学习的效果。此外，对于公共体育课程资源来说，资源共享扩大了公共体育课程资源使用的人数，提高了公共体育课程资源的利用率。

目前，教育部正在大力主抓的"名师工程"和"精品课程建设工程"，就是想通过评选国家级教学名师、国家及精品课程，挖掘一批优质课程资源，提供给广大高校，成为共享资源。公共体育学科已评选出近十门精品课程，在互联网上供大家享用，实现优势互补。

目前，许多高校还正在设法开发和构建高校与高校之间、高校与社会之间公共体育课程资源共享平台，解决资源短缺、资金不足的问题，最大限度地发挥高校公共体育课程资源的利用效率，以解决高校扩大招生所造成的公共体育课程资源严重匮乏现象。

为了使参与资源共享的各个单位或个人最大效率地享用公共体育课程资源，必须建立有关协调机构，制定公共体育课程资源共享政策，规划公共体育课程资源共享中的重大事件，协调公共体育课程资源共享中出现的问题，保障公共体育课程资源共享有序地进行。

（六）创生

创生是指由人的创造性思维和创造性劳动而产生新资源的过程。它包括两种形式：一种是原来没有而被创造出来的资源；另一种是经过资源重组而产生出新型结构的资源。人力资源是创生性资源的主要动力和源泉，其中教师的创生能力在课程资源的创生中起着关键作用。所谓教师的创生能力是指教师在课程资源的开发与利用过程中，把自己储存的信息或通过实践获得的信息以及偶然间产生的灵感，通过一定的组织加工，使其成为与当前教学密切相关的课程资源的能力。这种能力需要教师有一定的信息储存量，并具备组织信息、提取信息、利用信息的能力，需要教师具有敏锐的观察能力和丰富的联想能力以及在教学活动中及时发现和捕捉学生的创生资源，并因势利导，使之丰富完善的能力等。所以，教师要养成对教材、资料、生活中某些现象以及社会的热点、难点问题进行深入观察和思考的习惯，将教学内容、教学情境、学生的兴趣与观察到的现象或思考联系起来，从而形成促进学生对知识的理解及能力的提高有效的资源。

第四节　校内公共体育课程资源的开发

一、公共体育课程内容资源的开发

（一）公共体育课程内容资源的概念

公共体育课程内容资源从分类上看，属于素材性公共体育课程资源的一个组成部分。从定义上来讲，它是指构成公共体育课程内容要素的来源，如公共体育的知识、技能、价值观、情感态度，各种身体练习以及学生的经验等要素的来源。正如课程资源与课程的关系一样，公共体育课程内容资源也构成了公共体育课程内容的基础，但公共体育课程内容资源并不等同于公共体育课程内容。当然，公共体育课程内容资源与公共体育课程内容在本质上是一样的，它们都是人类各种公共体育的间接经验和直接经验。公共体育学科专家、公共体育教师、学生可以根据需要把各种公共体育课程内容资源提炼转化为公共体育课程内容，这一过程就是我们所说的公共体育课程内容资源的开发。然而，这一过程并不是随意完成的，它是在一定的原则指导下，采用一定的方法、手段和程序进行的。

需要指出的是，相对于公共体育课程内容而言，公共体育课程内容资源要丰富得多。在某种意义上可以说人类所创造的一切文明成果，都可以纳入公共体育课程内容资源的范围。明确了这一点，就可以拓宽我们的视野，不再把目光局限于狭窄的公共体育课程内容范围内，局限于书本和教材，这也是新课程改革所要倡导的课程资源观。

（二）公共体育课程内容资源开发的原则

1. 适宜性原则

适宜性原则是指公共体育课程内容资源开发必须坚持"以学生发展为本"的价值取向，适于不同学段、不同水平学生的身心特点。研究首先将价值判断内容定位，然后寻找相应的、能体现这一价值内容的公共体育课程内容资源，是从一般的意义上对公共体育课程内容资源开发的研究。具体操作还要考虑不同学段的学生、心理特点和同一学段的性别特点等。

就高校来讲，由于课程方案以"课程标准"为规约，公共体育课程内容资源开发的广度和深度普遍不及大学，公共体育课程内容资源开发的条件一般也不能和大学相比，尤其是小学更是如此。从公共体育兴趣来看，研究表明，处于儿童期的小学生把公共体育看成"玩"，只要有"玩"就满心欢喜。一年级到三年级多选择游戏、跑步等技术简单、富有趣味的运动；四年级喜欢球类的儿童大量增加，常占到一半以上；五年级到六年级有更多的儿童喜欢跳高、跳远、武术、球类等有一定技术和技巧的运动项目。从身体机能来看，小学低中年级以灵敏性、柔软性的运动为宜，而高年级适宜以发展有氧运动能力为主。在情绪情感方面，小学生尚未面临升学、求职等重大压力，所以其基本情绪状态一般是平静而畅快的。根据小学阶段的这些特点，开发公共体育课程内容资源时，在开发的价值判断上要侧重于有利于学生身体、心理的健康发展，开发的途径以创编为主；身体练习资源、常规公共体育器材设施和代用公共体育器材资源以及其他学科资源是主要的公共体育课程内容资源。

到了初中，学生的公共体育学习开始带有技术性的特征，一部分学生开始有了公共体育的专长兴趣。由于生理上成熟，男女生的公共体育兴趣发生了较明显的变化。男生更喜欢灵活、敏捷、竞赛性强、活动量大的运动，如篮球、足球、田径等；女生更喜欢表现优美、柔韧、节奏韵律感强的运动，如体操、艺术体操、排球等。从身体素质方面来看，初中应注重身体全面锻炼和发展小肌肉群力量与耐力的练习；高中生的公共体育兴趣更加稳定，而且有明显的选择性。

从年龄上看，高一、高二年级兴趣的发展有上升趋势，而到高三却出现停滞和下降的趋势。有的学生对公共体育的某些项目产生了更浓厚的兴趣，有的学生却对运动变得毫无兴趣，对公共体育课持消极态度。在性别上的差异也很明显，男生更倾向于一些竞技性强、有一定强度的活动；女生则惰性明显，偏爱一些韵律性强、节奏明快、动作优美的活动，怕苦、怕脏、怕晒、怕出汗等，尤其不喜欢长跑等项目。在社会适应方面，相比而言，高中阶段是个体正常社会化过程的关键阶段，也是个体社会化开始成熟的阶段。在情绪情感方面，总体而言，中学生的情感体验丰富，特别是高中生已处于典型的烦恼增殖期，而且从情绪体验的内容来看，以生理需要为主向以社会性需要为主转变，道德感和美感等情感均向深层次发展。根据中学生公共体育学习的特点，开发公共体育课程内容资源时，在开发的价值判断上要侧重于有利于学生心理的健康发展和掌握一定的公共体育知识技能；开发的途径以引进和改造为主；具有时代性的和有一定历史尚未进入学校的公共体育运动项目以及已然存在于公共体育课程中的传统竞技公共体育运动项目是主要的内容资源。

从大学来讲，不同于高中带有制约性的"课程标准"，公共体育课程以"指导纲要"为纲领。所以，公共体育课程内容资源开发的灵活性要比高中大，开发的条件和师资力量也较高中好。大学生已经步入成人阶段，身心发育基本成熟，公共体育兴趣爱好广泛，对个性发展提出较高要求。如何在公共体育课程中更好地展示自我是他们的追求，公共体育课程内容资源开发以引进成熟的运动项目为主，更多地体现了对公共体育文化的挖掘，凸显出运动教育的特点。不同的特殊专业和性别特点是公共体育课程内容资源开发需要考虑的方面。在情绪情感方面，大学生因面临就业、人际关系等以及一些大学校园特有的青春期问题而出现情绪波动较大的特点。另外，大学生群体是即将走向社会的特殊群体，对其社会化程度从客观上要求较高。从公共体育教育方面来看，大学是学生学校公共体育的最后一站，与社会公共体育如何更好地结合，使学生的公共体育行为能够得以延续，对公共体育课程内容资源开发也提出了一定的要求。根据大学的实际和学生公共体育学习的特点，在开发的价值判断上要侧重于有利于学生的社会适应能力和了解公共体育文化，开发的途径以引进和改造为主，具有时代性的和有一定历史尚未进入学校的公共体育运动项目是主要的内容资源。

总之，学生群体和不同阶段学生公共体育学习的身心特点，对我们开发公共体育课程内容资源既提出了不同要求，同时也提供了参考依据，我们只有从学生的实际出发，才能使公共体育课程内容资源开发具有针对性。

2. 特色性原则

特色性原则是指公共体育课程内容资源开发要根据各级学校的实际，体现出学校公共体育传统特色、地域性特色、专业特色和民族特色，形成学校独具特色的公共体育课程内容。要防止无视自身的条件和特点、一哄而上的公共体育课程内容资源开发行为，那会重回到"大一统"的公共体育课程内容状态，曲解公共体育课程内容资源开发的意义。

3. 健康性原则

健康性原则是指开发公共体育课程内容资源时应把所开发的公共体育课程内容资源是否有利于学生的健康发展放在首位。

就公共体育课程内容资源开发是否有利于学生的健康发展、掌握公共体育知识技能和了解公共体育文化三方面价值判断内容来讲，掌握公共体育知识技能是媒介和途径，而了解公共体育文化则是公共体育课程价值的一种延伸与拓展，达成学生的健康发展是公共体育课程的基石和终极目的，所以，所开发的公共体育课程内容资源必须是健康的，这体现在对学生身体、心理和社会适应能力健康发展的促进上。而身体健康又是其中的首要要求，它要求意欲开发的公共体育课程内容资源必须呈现出身体活动的形式，因为公共体育课程毕竟有自身的特点，那就是身体上的培育，这是这一学科在学校教育中区别于其他学科的特质，只有通过身体活动的形式方能达成学生心理和社会适应的目的，才能使健康价值得以落实。如若没有身体活动这一表现形式，公共体育课程就丢失了其本真，学生的心理、社会适应健康也就无从谈起。所以，从学生全面发展的角度应综合考虑健康、公共体育知识技能和文化三方面的价值，但必须以健康为主要判断内容，且突出公共体育课程自身的主要价值，将价值标准的重心放在身体健康价值判断内容上，这是我们在开发公共体育课程内容资源时必须予以注意的。总之，公共体育课程内容资源开发的健康价值是必须的，其中身体健康价值又是重中之重。这便为那些诸如多米诺骨牌、麻将、围棋等公共体育运动项目提供了不宜开发的依据。

（三）公共体育课程开发的意义

公共体育课程开发的意义主要从理论价值和实践价值两方面来探讨。

1. 理论价值

拓宽公共体育课程研究的领域，促进公共体育课程及公共体育文化的发展。公共体育课程内容资源开发对公共体育课程而言，是一个崭新的领域。对于它的研究，将加深人们对公共体育课程的理解，拓宽认识和研究公共体育课程的渠道和路径。同时，公共体育课程内容资源的开发，将极大地丰富和发展公共体育课程的内容体系，在一定程度上丰富公共体育文化的内容，对促进公共体育文化的传递、创新和发展具有十分重要的理论意义。

公共体育课程内容资源的开发，定将成为公共体育课程改革的突破口。这不仅表现在它将直接促使公共体育课程内容的变革，而且对公共体育课程的其他方面如公共体育课程类型、公共体育课程评价以及公共体育课程实施中的教学方法与手段、教学组织形式等的变革，也将产生积极而深刻的影响，对公共体育课程的整体建设与发展有着重要作用。

有利于促进学校公共体育与社会公共体育以及竞技公共体育之间的联系。一直以来，在理论层面上，学校公共体育被认为是学校内部的公共体育活动。如今，人们逐步认识到学校公共体育不应该仅仅局限于校园内部，而应该与社会公共体育和竞技公共体育加强联系，并在联系中相互借鉴与发展。但是，如何才能在学校公共体育与社会公共体育和竞技公共体育之间架起一座桥梁，一直是人们努力想解决的难题，而公共体育课程内容资源的开发，为解决这个难题提供了新的思路和契机。

首先，公共体育课程内容资源的开发打破了学校的空间界限，使更多社会公共体育和竞技公共体育的手段和内容通过提炼、加工成为公共体育课程内容。学生通过这些内容的学习，不仅可以了解当今社会公共体育和竞技公共体育的最新发展动态，而且能为他们以后参加社会公共体育和竞技公共体育的实践奠定一定的基础。

其次，公共体育课程内容资源的开发，必然要调动社会公共体育及竞技公共体育领域的一切可以利用的人力、物力、财力和信息，这在客观上加强了学校公共体育与社会公共体育和竞技公共体育之间的联系。

最后，公共体育课程内容资源的开发，可以使人们更新观念，促进学校公共体育与社会公共体育和竞技公共体育不同领域之间的相互理解，消除隔阂，从而真正树立"大教育"和"大公共体育"的观念。

有利于促进公共体育课程与其他学科课程以及校园文化之间的融合。过去，公共体育学科与其他学科一样，处于一种自我封闭的发展状况。这不仅阻碍了公共体育学科的发展，而且不利于学生身心的全面发展。公共体育课程内容资源的开发，是在学校内外和社会的大背景中进行的，所以必然会超越公共体育学科的界限，将学校内其他学科的资源以及校园文化资源纳入自己的视野和范围。公共体育课程内容资源的开发，将最大限度地促进公共体育课程与健康教育、生活教育、生存教育、环境教育、国防教育以及校园文化的相互融合与借鉴，使公共体育课程与各学科的交叉渗透、融会贯通自然而然地发生于课程实施的过程中，对学生的身心教育与影响将更为全面。

为公共体育课程改革提供理论支撑。理论对实践具有重要的指导作用，公共体育课程改革必须有完整的理论做基础。当前我国公共体育课程改革呈现出一个畸形的特点，那就是实践先行，缺乏必要的理论支撑。迄今为止，关于公共体育课程方面较为成熟的理论专著几乎为零。出现了一个极不平衡的反差，一方面公共体育课程改革的实践如火如荼，另一方面相关的理论研究却显得极为贫乏。这势必会影响公共体育课程改革整体推进的质量与效果。

公共体育课程内容资源开发的相关成果，将从理论和实践上回答公共体育课程中遇到的一些新问题，使公共体育课程理论不断丰富和完善，在一定程度上为公共体育课程改革奠定理论基础。

2. 实践价值

有利于促进公共体育教师的专业发展。课程资源的开发为教师的专业成长找到了一条理想的途径，课程资源开发过程就是教师专业不断成长的过程，开发程度和范围的大小，将决定教师专业发展的程度和水平。长期以来，公共体育课程内容基本上是由专家预先规划设定的公共体育知识、技术、技能体系和载体，形成了"专家设计课程、教师教课程、学生学课程"的模式。这使得广大公共体育教师将公共体育课程内容视为国家规定学生必须掌握的基本知识、基本技术和基本技能，误认为公共体育教学大纲和公共体育教材是既定的、唯一的公共体育课程内容资源。这不仅制约了公共体育教师的手脚，使他们变成了固定的公共体育课程内容的传授"机器"，也使得最宝贵的公共体育课程内容资源——公共体育教师和学生的经验被白白地浪费掉了。

公共体育课程内容资源的开发，将打破传统的以教材为中心的公共体育课程模式，充分释放出公共体育教师的"能量"，有效地促进公共体育教师的专业发展，使他们真正成为公共体育课程开发的"主人"。具体表现在：

（1）增强公共体育教师的课程开发意识。在我国，公共体育教师长期以来被排斥在公共体育课程开发之外，只是被动地执行指令性的公共体育课程计划，同时由于公共体育师范教育中相关课程理论的结构性缺失，使得他们不可能具备较强的课程开发意识。公共体育课程内容资源的开发，有助于公共体育教师加深对课程的认识和理解，并能在参与过程中不断增强课程开发意识。

（2）成为公共体育教师专业成长的重要推动力量。公共体育课程内容资源开发对公共体育教师的课程实践提出了新的挑战，教师在公共体育课程内容资源开发过程中会遇到各种问题，使他们感到力不从心。但这种压力会变成公共体育教师不断学习、不断更新知识、不断超越自我的强大动力。而且，这种动力是持续的、源源不断的。公共体育课程内容资源的丰富性和无限性，决定了公共体育教师的专业发展也是无止境的。

（3）提高公共体育教师开发公共体育课程内容资源的能力。对于大多数公共体育教师而言，公共体育课程内容资源开发是一个完全陌生的领域。他们不仅缺乏相关的公共体育课程资源开发理论水平，也缺少在实践中进行公共体育课程内容资源开发的能力。而公共体育教师只有通过参与各种公共体育课程内容资源开发的实践，通过对自己教学实践的不断反思，才能不断积累起公共体育课程内容资源的开发能力。

（4）培养公共体育教师的合作精神。从理论上来讲，课程开发本身就是一件需要集体配合的活动。公共体育教师作为公共体育课程内容资源开发的主体，不仅需要个体独立的实践与思考，更需要加强与各方面人员的合作，如与其他公共体育教师的合作、与专家的合作、与学生的合作、与学生家长的合作、与学校行政人员的合作等。

（5）促进公共体育教师角色和工作方式的转变。公共体育课程内容资源开发，将使公共体育教师的传统角色发生根本性的变化：他们不仅是知识的传授者，也将成为学生获取知识的合作者和组织者；不仅是知识的拥有者，也将转变为知识的学习者。公共体育教师的工作方式也将从被动向主动转变，成为课程的积极参与者和实施者。

公共体育课程内容资源的开发，有利于促进学生的发展：

（1）有利于调动学生多种感官参与学习活动，激发学生的学习兴趣。大量、丰富、开放的公共体育课程内容资源给学生提供了公共体育教材无法比拟的感官刺激、信息刺激和思维刺激。这既可以调动学生参与公共体育学习的主动性，又可以使学生在愉悦中掌握公共体育的知识、技能，培养能力，陶冶情操。如对足球运动的学习，公共体育教材中所提供的相关信息是远远不能满足学生的需要的。从公共体育课程内容资源开发的角度来讲，教师可以指导学生从多种渠道获得足球运动的各种信息：从网络、报刊中获得足球运动的相关知识、图片；从电视中观看足球比赛的精彩场面；从学校或社区足球场向足球"高手"们学习各种足球技能等。

（2）促进学生学习方式的变革，使学生从被动学习走向主动探索。学生也是公共体育课程内容资源的开发主体，学生的经验、感受、兴趣、爱好、知识、能力等构成了公共体育课程内容资源的有机组成部分，这将极大地调动学生学习的积极性和主动性。此外，面对丰富的公共体育课程内容资源，学生还将面临如何获取信息、如何筛选信息、如何分析信息以及如何从各种信息中归纳出对解决问题有用的东西等一系列问题。所以，学生主动参与式的学习、合作式的学习、探究性的学习等各种新的学习方式将走进公共体育课堂，这势必将带来学生学习能力、学习水平和学习态度等一系列的变化，对培养学生的实践能力和创新能力具有重要意义。

二、公共体育设施资源的开发

（一）公共体育课程开发的思路

公共体育场地、器材是加强素质教育，提高公共体育教学质量，增进学生健康的物质保证。尽管国家已制定了各级学校公共体育器材设施配备目录，但由于我国各地经济、文化发展的不平衡，各地、各校公共体育器材设施配备水平不尽相同，特别是我国许多城市学校公共体育场地狭小，农村学校公共体育场地简陋、公共体育器材严重不足。在这种情况下，应当充分发挥现有公共体育器材设施的作用，开发其潜在功能。

1. 发挥公共体育器材的多种功能

一物多用，根据器材特点开发其多种功能，是解决器材品种少的好办法。例如：栏架可以用来跨栏，也可以用作射门，还可以用作穿越的障碍等；标枪可以用来投掷，还可以在两根标枪之间拉上橡皮筋当作跳高架，并可用作蛇形跑、钻"洞"跑、图形移动、跳跃等练习的教具；利用跳绳还可以做绳操、斗智拉绳等。

2. 制作简易器材

制作简易的公共体育器材，不仅能解决公共体育器材短缺的问题，还可以培养师生的动手能力。土洋结合，互相嫁接，如用木棍制成高尔夫球杆、用饮料瓶和软球打保龄球。

变废为宝，因陋就简。把废旧不用的物品，重新改造成公共体育运动的器材。如用废旧的铁锹杆、锄头把等制作接力棒，用废旧的竹竿和橡皮筋制作栏架，用废旧足球、棉纱和沙子等制作实心球，用废旧布、豆子或沙子制作沙袋，用木块制作起跑器，用树桩制作"山羊"，用砖头水泥或石块砌成乒乓球台，用砖头、木块、竹竿代替球网等。

因地制宜，化旧为新。在教学过程中，可采取因地制宜、化旧为新的方法来利用那些位置固定、不易搬动和调整的大型器材和设施，如篮板可以做投掷靶，助木和单杠可以做障碍跑的"山洞"，花坛间的夹缝可以做"战壕"等。

3. 改造场地器材，提高场地利用价值

在我国，由于受竞技公共体育思想的影响，学校公共体育场地器材大多是成人化的，这实际上是忽视了学生的年龄特点和兴趣爱好。所以，有条件的学校可以将成人化的场地器材改造成适合学生活动的场地器材，努力将公共体育场地器材改造成学生的运动乐园，以满足学生公共体育活动的需要，吸引更多的学生参与公共体育活动。

（二）公共体育设施资源开发的案例

1. 案例一：精心设计，合理布局场地器材

场地器材是为教学服务的，适宜的场地器材是完成教学所必需的，公共体育课上根据教学目标及内容巧妙合理地选择和利用器材是当前一线教师最想掌握的。场地的精心设计和器械的科学合理布置，为上好公共体育课或组织公共体育活动创造了良好条件，有利于提高学生的学习和练习兴趣，对于完成教学任务是至关重要的。

在一节课当中，器材的巧妙布局和合理利用直接影响了公共体育课的教学效果。比如，在上技巧类活动课时，可以通过垫子的不同摆放形式来体现教师的教学意图，通过经常改变教学场地，给学生一种新鲜感，除了能减少连续学一个项目所带来的枯燥感和厌烦感外，还能极大地激发学生的锻炼兴趣。

在不同类型的技巧课中，垫子的布局变化（以八块垫子为例）基本上有以下几种：

新授课。学生刚开始接触新知识，对内容本身就感兴趣，摆放垫子不宜花费太大心思。

复习课。复习课是学生掌握技术动作的巩固提高阶段，垫子摆放要有利于学生互相观察和学习，要给教师提供很好的视角使教师对每个组的情况一目了然。对于动作掌握好的学生，可以互相竞赛、比较；对于动作掌握不好的学生，可以广泛汲取，借鉴其他同学的优点。这种布局也有利于搞小比赛、小竞争，可以充分调动学生练习的积极性。有利于教师有效地控制练习的节奏，想快，一个接一个连续做；想慢，就用口令指挥八人同时做，整体造型既整齐，又美观。

综合课。综合课的特点是既要复习以前学过的内容，又要学习新的内容，所以垫子的摆放既不能太分散，也不能太集中，器材的布局方式要兼顾新授和复习两类课的特点：上新授课内容时，各自为战；上复习课内容时，练成一片。

考核课。上考核课时，教师不能只顾考试的学生而忽略了其他练习的学生，但是又必须突出重点。

2. 案例二：开动脑筋，巧妙利用场地器材

场地器材是保障公共体育教学顺利进行，学生实施有效公共体育学习最重要的物质条件之一，是搞好公共体育教学的必要条件。近年来，尽管大多数学校在常规公共体育器材上有了一定数量的配备，但还是远远不能满足现代公共体育教学需要，器材短缺仍然是一个亟待解决的难题，再加上实际公共体育教学过程中，教师也没有足够的时间去布置场地器材，所以我们要开动脑筋，认真思考，充分发挥教师的主观能动性，使仅有的场地器材超水平发挥，力争做到"一物多用""一场多用"。

下面就以充分利用呼啦圈（或废旧轮胎）来完成跑的教学内容为例。

（1）活动目的

从游戏中学习跑的基本知识方法，了解用科学的方法进行身体练习。

场地：一块正方形场地。呼啦圈在场地中间任意摆放。

器材：呼啦圈 20 个，录音机 1 台。

（2）活动方法

1）小游戏：非典（SARS）与安全岛（追逐跑）

方法：各队挑选一名非典（SARS）杀手在规定区域内传播病毒（手持呼啦圈套人），其余人在快速逃生的同时设法营救同伴。

2）小游戏：快传呼啦圈（超越跑）

方法：各队第一人手持呼啦圈，各组最后一人，快速由最后跑至第一人的位置，接过呼啦圈前进，新变成的最后一名同学重复此动作，依此类推。

3）小游戏：抢占高地（间歇跑）

方法：听音乐绕正方形场地慢跑，音乐停止迅速抢占场内呼啦圈。

4）小游戏：团结协作（伴同跑）

方法：各队两人一组，手持呼啦圈同时前进，绕过前方用呼啦圈设置的四个障碍物后，返回本组，将呼啦圈交于本队第二组，看哪队最先完成。

5）小游戏：巧妙通过

方法：在固定场中，限定条件，用呼啦圈自编游戏，以游戏设计巧妙安全，速度快者为胜。

（3）案例评析

呼啦圈价廉物美，深受广大师生的喜爱，是公共体育教学中可以充分利用的公共体育器材之一。在公共体育教学中利用呼啦圈进行教学的例子举不胜举，如扔圈套物激兴趣，推圈滚动比协调，作为目标出奇效，巧设障碍增能力等。本节课教师将呼啦圈与跑联系起来，巧用呼啦圈设计游戏，同时启发学生利用呼啦圈自创游戏，大胆创新。充分体现了教师的主导和学生的主体作用，最大限度地发挥了学生的主观能动性。本节课有两个特点：

第一，一圈多用。呼啦圈作为本次课的器材，自始至终贯穿在整个课堂活动之中，并被不断地变化使用；通过教师巧用呼啦圈设计游戏，唤起了学生好动的意识，激发了学生的运动兴趣，通过教师引导学生运用呼啦圈创编游戏，激发了学生自觉、主动、学习的欲望，从而使本节课始终处在好学、愿学、乐学的学习氛围中。

第二，一场多用。本节课在一块正方形场地上，围绕20个呼啦圈设计了各种跑动练习，不是单纯地绕着场地跑，而是以呼啦圈为引线，设计了各种游戏，在游戏中融入了各种跑动练习。同时利用场内、场外或场内外有机结合，使学生尽尝跑的乐趣。从乐趣中体会跑的要领，掌握跑的知识，教师从中加以引导，使学生在兴趣中创编更多身体练习的方法，为终身公共体育打下坚实的基础。

第五节　校外公共体育资源的开发

一、自然地理资源的开发

公共体育课程自然地理资源可分为自然景观资源和地理地质资源。自然景观资源是指山川、河流、森林、动植物等资源，地理地质资源是指水文、地貌、气象、气候等资源。我国幅员辽阔，地域宽广，地形地貌千姿百态，季节气候气象万千，蕴藏着丰富的课程资源，应重视开发和利用。学校应该结合所在的地理位置和环境，合理利用周围的自然环境，不仅可以缓解学校运动场地不足的现状，丰富公共体育教育内容，还能有效地激发学生的学习和运动兴趣，满足他们的运动需求。如利用郊野开展远足、野营活动，利用雪原开展滑雪、滑雪橇活动，利用草原开展骑马、射箭活动，利用森林开展定向活动，利用山地开展登山活动，利用田野开展越野跑活动，利用沟渠开展跳跃活动，利用海滩开展慢跑活动，利用沙地开展沙滩排球、沙滩足球活动，利用江河湖海开展水上各类活动，利用公路开展自行车远行活动，等等。

（一）自然地理资源开发的程序

从公共体育课程资源开发案例的调查来看，公共体育课程资源开发一般含有调查、制订方案、实施和总结四个主要环节。所以，本节将公共体育课程自然地理资源开发的基本程序划分为四个阶段：调查研究、制订方案、组织实施和总结评价。

1. 调查研究

调查研究是资源开发的准备阶段，决定着开发的质量和效果，公共体育课程自然地理资源的调查研究包括对学生兴趣、爱好、基础的调查，自然地理状况调查，询问有关专家和有经验教师，查阅有关政策和规章制度等。通过调查研究获取第一手资料，并写出可行性分析报告。

2. 制订方案

制订方案是指在调查研究的基础上，制订出切实可行的开发方案。方案中应对公共体育教学活动的时间、地点、参与人员、行程路线、方式、突发事件应急预案等进行详细阐述，方案应具体、详尽、可操作。方案制订好后，应广泛征求意见，并取得领导和有关部门的支持。

3. 组织实施

组织实施阶段是制订的方案付诸行动的过程，它是整个公共体育课程自然地理资源开发过程的关键。公共体育课程自然地理资源开发的实施不仅需要考虑如何配备人员以及协调人员之间的关系，而且需要考虑有可能影响实施过程的外部因素，如季节、天气、时间等，因为每个影响因素都有可能最终造成整个开发过程的流产和失败。在实施阶段，可能会暴露出一些出乎意料的棘手问题，这些都需要进行果断处理和及时解决。实施阶段包括课前考察地形、计算时间、预计行程、危险地段安全处理与标注、设置意外伤害处理、安全预案演习、学生组织、课程实施等。

4. 总结评价

总结评价阶段是公共体育课程自然地理资源开发的结束阶段，其主要任务是进行回顾和评价。总结是对实施过程中经验教训的回顾与反思，包括教师心得体会、学生反映、其他反馈和书面总结材料等；评价是对实施效果的总结与分析，包括主要收获、开发与利用的效率、开发与利用过程中存在的问题等。

（二）自然地理资源开发的原则

为了更好地开发与利用，公共体育课程自然地理资源应注意以下几条原则：

1. 安全性原则

安全性原则是指开发的自然地理资源在利用过程中必须是没有危险、不受威胁、不易发生意外事故的。自然地理资源可根据项目的安全系数分为低危资源、中危资源和高危资源三个层次进行分层开发。如郊游、定向越野等相对安全的项目属低危资源，可重点开发；登山、穿越森林等稍有危险性的项目属中危资源，可根据情况开发；河湖游泳、野外生存、攀岩、野营等具有一定危险性的项目属高危资源，可选择开发。

2. 从实际出发原则

从实际出发原则是指在开发自然地理资源过程中应本着从地方经济、社会、历史、文化、地理的客观现实和学校、学生的实际出发进行开发。城镇和农村中学由于经济水平不同，公共体育经费差异大，开发与利用资源的水平和层次就不同；平原与山区学校，由于地理位置不同，周围环境不同，可以开发与利用的内容和项目就随之不同。所以，自然地理资源开发不能一个模式，一刀切。

3. 环保性原则

环保性原则是指在公共体育课程自然地理资源开发与利用中应保持人与自然、人与环境的和谐统一，不破坏环境，不污染环境，培养学生保护环境的意识。自然地理资源开发与生态保护二者是相辅相成的，自然地理资源保护得好才具有开发和利用价值，而开发与利用又能促进环境保护工作的开展。结合公共体育教学，从小培养学生保护环境、热爱家乡的意识，可以起到既锻炼身体又陶冶身心的作用。

4. 开发与利用相结合原则

开发与利用相结合原则是指在公共体育课程自然地理资源开发过程中，不能单纯为开发而开发，要注意开发与实际利用相结合，使开发的自然地理资源通过课程实施进入公共体育课堂。以前，对课程资源的地位和作用缺乏足够的认知，对教材以外的课程资源开发重视不够。如今，课程资源开发问题已经引起关注，但这又可能导致另一个极端，即肆意开发各种资源，而忽视实际的应用价值。所以，公共体育课程自然地理资源的开发应从实际需要出发，用多少开发多少，既要注意开发的数量，也要注意开发的质量，使之能够得到充分有效的利用。

（三）自然地理资源开发的策略

1. 分层开发，逐步深入

公共体育课程自然地理资源开发与利用过程中应先开发利用低危资源和部分中危资源，等条件相对成熟后，再选择一些锻炼价值高的中危资源和高危资源。

小学生危险意识和自救能力较差，应限制在低危资源之内。当然，高危与低危也是相对的，教师、学生安全意识强，训练有素，高危项目也可以转化为中危或低危项目；相反，如果教师、学生安全意识差，纪律松散、混乱，低危项目也可能发生事故。所以，公共体育课程自然地理资源的开发与利用，必须以加强教师、学生安全意识为前提，本着先低危后高危的原则，进行分层开发与利用。

2. 因地制宜，突出特色

学校所处地理位置不同，其周边环境也不同。有些学校近山，有些学校近河，有些学校离森林较近，有些学校附近有名胜古迹，有些学校旁边有奇峰险洞，有些学校身处风景名胜区……公共体育课程自然地理资源开发应因地、因时制宜，突出校本特色和学生特点。春天，可以开展登山、郊游、远足、骑自行车等活动；夏天，可以开展远足、野营、游泳、定向越野等活动。

3. 加强管理，重在利用

公共体育课程自然地理资源的开发与利用，目前还存在许多障碍。所以，地方教育部门应加强管理，创造条件，既要重视开发，更要重视利用，使其更加有效地服务公共体育课程教学。例如，各地教育局可以以文件的形式要求各学校积极组织学生野外活动、组织全区高校学生越野赛或进行公共体育课程自然地理资源开发与利用评比、经验交流等。

4. 以生为本，身心结合

公共体育课程教学应以学生身心发展为中心，关注学生在课程学习中的主体地位，激励学生主动参与公共体育学习，积极锻炼身体，培养在野外互相帮助、团结协作，勇敢顽强、吃苦耐劳的精神，提高学生的心理素质。新课程主张将公共体育课的空间扩展到校外、大自然中，公共体育自然地理课程资源的开发和利用充分体现了新课程的这一理念。在野外、大自然中，学生既可以呼吸清新空气、沐浴阳光雨露，又能放松身心、陶冶情操。

二、公共体育信息资源的开发

当今是信息高速发展的时代，信息资源已经非常广泛地应用于社会各个领域，特别是随着网络工程的发展以及网络普及面的扩大，也加快了公共体育传播的通道和速度。所以，公共体育教育也应加强对信息技术和资源的开发与利用，为公共体育教育的发展获得更多、更新、更快、更广的有利信息。

（一）公共体育信息资源开发的途径

1. 开设信息交流中心，创建公共信息平台

开设信息交流中心，为教师和学生创立公共信息平台，拓宽信息来源，及时获得国内外各种公共体育和教学信息，便于提高公共体育教育质量。

2. 加强与信息传播机构和组织的联系

与信息传播机构或组织联系，及时发布校园公共体育新闻和其他国内、国外的公共体育新闻，形成资源共享，创造良好的公共体育学习和运动氛围。

3. 定期整理研究成果

定期收集和整理教研室或各位公共体育教师的研究成果，并积极创设条件与其他学校或单位进行学术交流、探讨和沟通，扩展教育理论和成果收集途径，提高查找和收集资料的效率。

4. 健全资料库

健全公共体育音乐、图像、图片及教学或训练视频等资料，为公共体育教学、科研、训练和学科建设等服务。

（二）网络环境下信息资源的开发

1. 借助"万维网"的检索功能

万维网（WWW）是英文 World Wide Web 的缩写，也有人简写为 W3、3W 或 Web，在我国翻译成"万维网"或"环球信息网"。WWW 是目前人们通过 Internet 在世界范围内查找信息和共享资源最理想的检索工具，它是 Internet 与多媒体技术结合的产物。所以，有人用公式解释为：WWW=Internet+ 多媒体。WWW 使用了超文本传输协议（Hyper Text Transfer Protocol，HTTP）、FTP、Telnet、Usenet、Archie、WAIS、Gopher 等各种功能。用户通过阅读并选择超级文件，就可以从一个信息跳到另一个信息，通过 Home Page（主页）就可以在 WWW 世界中漫游。

在文献传递方面，万维网提供了一项特殊的服务 CARL-Uncover 地址，通过它可以进入几百种公共体育期刊的目录页，同时提供全文传真服务。

2. 借助电子邮件（E-mail）

电子邮件就是电子信件，是通过电话线传递信息。它是目前最有魅力、最吸引上网者的网络服务。它速度快，一般几分钟到几小时就可以到达，而且价格十分低廉。公共体育工作者可以将公共体育信息用文字，也可以在电子邮件中加入图形、图像、声音、动画等多媒体公共体育信息发给任何一个网络用户，也可以通过电子邮件接收其他用户发给您的公共体育信息。

3. 借助讨论组（Discussion Group）

网络上不同的讨论足以让世界各地人们就感兴趣的问题交换信息和看法。据统计，目前网上英语运作的公共体育新闻讨论组超过 2000 个，它们中有些是公共体育管理方面的，有些是有关运动项目的，还有些是某些专门公共体育组织设立的。比如，国际公共体育信息联合会，美国运动医学会等。

4. 借助远程登录（Telnet）

Telnet 是远程登录协议。通过 Telnet 用户可以登录到远程主机，作为远程主机的一个终端访问和运行远程计算机中的程序和信息；还可以访问另一个分支机构或主办公地点的计算机上的数据，查阅图书馆的公共体育信息资源，了解有关公共体育书籍是否出版，等等。

5. 借助文件传送（FTP）

FTP（File Transfer Protocol）即文件传达协议。它一直是 Internet 普遍应用的重要信息服务工具。它允许用户把文件从一台计算机传送到另一台计算机，下载所需的软件到本地机或将本地机的程序与文件上传到远程计算机上。在利用 FTP 传送时，用户必须先连接 Internet，在本地计算机上启动 FTP 协议程序。启动 FTP 可以传送任何类型的文件：文本、图像、程序和声音。Internet 上有很大一部分 FTP 服务器被称为"匿名" FTP 服务器，这类服务器是免费的。与这类 FTP 服务器联系时，用户一般在"用户名"栏填上 anonymous，在"密码"栏填上用户自己的电子邮件地址。借助 FTP 公共体育工作者在它上面存放文件或将所要的文件复制到自己的计算机上。

6. 借助搜索引擎

所谓搜索引擎，就是某些专门提供搜索功能的网站，它收集、整理网上信息资源并按一定程序加以整理，这些搜索引擎通常都是提供两种方法检索相关站点及公共体育信息：一种按主题范围检索，即按类目查找；另一种是关键词查找。

第二章　高校公共体育教学概述

第一节　公共体育教学内容的一些初步认识

公共体育教学内容的建构必须充分考虑各阶段公共体育教学目标、学生的身心特点以及教学内容的递阶性。但我国公共体育教学内容设计普遍存在功能缺失、与教学目标相脱节、各年级教学内容衔接不当等问题。究其原因，主要源于对公共体育知识属性及其传习方式理解上的偏差，忽视了学习过程的渐进性。先前的学习经验是促使知识积累、能力发展、任务精通的必要条件，而目前教育系统中公共体育教学模式的建构缺少了有关学习递阶性的思考，导致我国公共体育教学内容的建构正面临统一性与灵活性、趣味性与实践性、分层性与系统性等多项矛盾关系。如何在全面发展学生核心素养的教改浪潮中，使学生通过公共体育课程的学习，获得深度运动参与体验，尊重学生的情感发展需要，设计适性化的教学内容是关键。所以，探讨公共体育知识属性及其习得规律是精准建构教材、精准筛选教学内容和精准进行教学评估以及个性化教学的基础与前提，具有方法论意义。研究从本体论出发，本体论追溯于胡塞尔现象学还原的方法论，是一种超脱经验论对事物表象的研究，回到"事物本身"的研究方法。而运动文化的本真事物，就是"人体动作的显现与表达方式"。人体动作的显现主要是动作单元、动作组合以及动作结构的序列性联结，对人体动作的显现与表达方式的研究是探寻公共体育教学递阶性的重要源点，也是公共体育教学内容建构的重要基础。

一、审悟公共体育知识的基本属性

我国学校公共体育教学内容滥觞于三大文化体系，从其内容体系的内在结构来看，无论是德国体操与瑞典体操体系、英国竞技公共体育与娱乐公共体育体系，还是我国的民族传统公共体育体系，均是以"动作要素"的重组与建构为基础的文化映像。不同的社会文化背景成就了不同教学内容体系的差异性，而动作要素的组合方式及其结构特征则是推进三大内容体系不断发展的递归之因。可见，运动技术的内在结构属性即为不同动作要素所呈现的关系特征，对公共体育教学内容内在结构上的探索是其逾越文化边际、丰富教学内容、重联教学要素的重要途径。

张洪潭认为，公共体育课是为传习知识而设的，公共体育课所传习的知识形态有别于以概念、判断、推理等思维形式和范畴体系表现自身存在的知识，而是通过运动表象这一重要环节方可形成，必须蓄有适合的反复操练的本体感受，形成稳固的神经-肌肉连接通路，表现为人体相应骨骼肌肉运动的控制。显然，通过运动表象建构的认知过程是以身体为媒介，以感知觉等本体感受器为手段的身体认知过程，运动表象反演出的人体活动的特定程序具有如序的心理认知过程，理应划归为知识的范畴，即"操作性形态的知识"。而具有不同运动形态的操作性知识指称为不同的运动技术，运动技术外显为可见的肌肉运动，依赖于人脑的认知信息加工以滋生人类运动经验的积累。这种运动经验蓄积的过程乃是人脑信息加工的结果，是组织动作类型和顺序的一个程序性规则，遵守运动技术学习的内在规律，能够有效刺激神经肌肉的兴奋-抑制，强化身体有关运动经验的"记忆痕迹"。这种"记忆痕迹"的获得必须蓄有适足的反复操练的本体感受，实现感觉向思维的认知过渡，"记忆痕迹"的留存乃是操作性知识独特的认知方式。所以，不同运动形式有其独特的认知方式，这种认知是自身的，它来自身体与外界的互动，并与之持续地交织在一起，主要借助身体的运动经验以及与身体拥有不可分割的相互联系的特定的知觉和运动能力，共同组成了孕育推理、记忆、情绪、语言和其他所有心理活动的母体。

二、公共体育知识结构及其习得规律

从公共体育知识，即操作性知识，是通过运动表象反演为不同运动程序的基本特征来看，操作性知识乃是运动技术的化称。然而，解析操作性知识的内在结构及其学习规律，就要理解运动技术的内在形成机理及其习得方式。动作是人体运动的最小单位，也是构成运动技术的关键。所以人类动作的发展序列制约着运动技术的形成与推演。

人类动作的发展具有递归性。递归性可近似地理解为层次性或有机性，表征为结构层次的递阶规律是以相同结构成分的重复或嵌套，从整体观的角度揭示了层次结构组合的内在规律，在教育界域中可理解为知识的蓄积与个人能力螺旋上升的自然规律。进言之，知识的蓄积通常伴有能力的增长，既然公共体育教学目标是以传习操作性知识为主要任务，那么，对操作性知识的蓄积规律和过程的揭示，也自然成为对公共体育教学规律性探索的重要切入点。公共体育教学中的操作性知识是指不同运动技术的总称，而诸多运动技术由不同的动作基元所构成，操作性知识的获得，指在教学过程中，强化学生对不同动作基元的组合方式、组合结构变化规律的理解。所以，公共体育教学中的操作性知识的传习规律形成了万变不离其宗的动作递归特征——同一动作模式即为相同动作技术的复归，遵循自身复归于自身的基本规律，即以人类不同的基础动作模式为基础作为建构基础动作单元的依据，不同的动作单元遵照人体动作链的基本结构，形成具有不同功能指向的动作结构，动作结构的不同所要求人体的生物性特征、力学特征、学习环境、任务导向均有所不同。可见，动作结构不仅决定操作性知识即运动技术本身的功能，同时决定了运动技术的学习特征、知识表征的难易程度等，所以，为实现公共体育教学对知识蓄积与能力增长的共进目标，需深入探究不同运动技术的知识结构。结构的递归是变换样式的递归，并非一以贯之的递归，在两种递归方式的交接处，形成了局部的不递归。不同的动作单元是相对独立的，但不同动作单元与动作组合的有序衔接，衍生出不同的动作结构，由此源源不断地生成新的运动技术。

（一）动作单元——公共体育知识的类归与蓄积方式

完整的动作系统是以不同动作为单元或单元的集合，动作单元是动作被连接或组合起来构成动作链的表达方式。动作链借助人体关节的运动方式使动作按一定顺序衔接起来，如以爬动、行走、翻滚、跑步、蹦跳、跨越等与位移相关的移动性动作技能，以转动、伸展、弯曲、直立等关涉身体在不同空间特征控制能力的稳定性动作技能，以抓握、拿捏、拍击、传接、投掷、蹬踢等关涉人类感知运动能力发展的操作性动作技能，均指向趋同的动作结构。趋同的动作结构能够引发动作效力的相似性，具有相同效力的动作结构也就可称为一个"单元"。以"单元"作为不同动作模式的划归依据，不仅揭示了动作技术的层次性，而且有效实现了动作的功能性分区。这些"单元"构成了学习的相关结构，不同动作单元作为"类"的存在影响着公共体育教学的宏观组织策略。学习相关结构间的相互区别揭示了公共体育知识的类归方式，其相互联系的逻辑程序则是蓄积公共体育知识的前提。可见，动作单元的设想，为合理建构公共体育知识的前提性基础结构，把握全局观念，建立技能与课程目标间的内在联系提供了重要指导。

（二）动作组合——公共体育知识建构的内在逻辑

动作组合是以动作单元为基础，按照动作单元的分类方式以及运动技能的属性特征，进行稳定性动作技能、移动性动作技能、操作性动作技能的条件性重联，予以重新组合新技能的过程。动作组合的方式灵活多变，包括相对个体的动作基元的连接和组合，也包括整体或局部的配合（如篮球中的"一传一切"）。动作组合就是将某些动作融合在统一的运动过程中，使其构成人体运动的特定程式。其中不同类型的动作技能单元的动作程式复杂度有所不同。稳定性技能是以强化身体控制能力和身体定向能力为基础的动作技能；移动性技能包括强化身体移动能力的相关技能，移动性技能涉及的人脑信息加工程序和执行程序更为复杂；而操作性技能对所需控制的调节条件及相关运动能力提出了更高的要求，相比移动性技能，操作性动作技能关涉学习者的肌梭和腱器官引发的本体感觉的统合能力。而不同动作单元组合衍生出不同的运动技术，如动力性技术中的爆发性技术，是以跑、跳、投等基础动作模式为主的技术指称，需要稳定性、移动性以及操作性动作技能的联动控制，才能使身体各关节得到最适时、最适序的运动方式，以争取最佳的技术效果。由此来说，动作的特点、大小容量以及动作单元间的组合方式，决定着运动技术的简繁与难易。所以，对动作组合内在规律的探索与揭示，是探究不同运动技术的蓄积方式和习得性规律的根本途径，也是公共体育知识建构必须遵循的内在逻辑。

（三）动作结构——公共体育知识传习的内在规律

动作结构是按照合理原则和完整性原则，进行不同动作要素的时序组合所呈现的稳定的动作结构特征。动作结构具有客观性、有序性、序变性以及相对稳定性的特点。客观性是指动作结构的形成应具有合理的客观依据，首先它要符合人体生理学、生物力学的规律，其次它要符合某种社会条件（规则、行为目的等）与自然环境（运动环境、气候环境等）的限制。有序性是指事物内部要素和事物之间有规则的联系和转化。动作结构的有序性表现为"时间序"与"空间序"，即动作各要素的时间与空间构成应是有规则的，并服从于运动目的与运动规律。其中："时间序"表示各动作的开始、运行和结束是同一时间序列同时或者依次推进的时间关系。"空间序"则表示动作要素组合的内在结构受到任务、环境与条件的限制，不同任务、环境、条件的组合方式，形成了一定的空间结构。序变性是指动作结构应具有较强的序变能力，即动作结构应是动态发展而非静止的，是可调节而非固化的。相对稳定性主要表现为某一时间节点技术动作的稳定状态，如射击等。所以，动作结构乃是动作组合在时间序与空间序中的排列方式。不同动作技术的形成则是通过不同动作单元的规律性组合，形成相对稳定的动作结构，促使各关节按照人体生理学的基本规律有序衔接。公共体育知识的传习是通过与运动感觉相联系的人脑关于动作或动作系统的形象所引发人体相应部位骨骼肌肉运动的体验过程，而骨骼肌肉如何精准、有序进行排列组合，即如何实现人体动作结构优化是动作技术表现整体性和流畅性的关键。所以，动作结构影响人体精准、有序、高效动作链的形成，其复杂性以及结构功能的优劣影响着公共体育知识传习的难易程度，揭示了公共体育知识的层次性和递阶性。

三、公共体育教学内容体系的重审

理解公共体育知识的序变特征和蓄积规律，是推断公共体育知识性质及其习得性规律的关键，更是建构公共体育教学内容体系的核心。由动作要素与公共体育知识蓄积规律的相关性可知，人类动作的序变性与递归性是形成公共体育教学内容的基础，也是探究公共体育教学内容类归、分层和排列方式的重要基点。

（一）公共体育教学内容的分类

学校公共体育研究的先行者对公共体育教学内容的分类做过诸多研究和尝试，但受不同文化母体差异以及公共体育功能与价值的时代变化影响，其分类方法和分析视角有所不同。1993 年版公共体育教学大纲说明，我国公共体育教学内容的分类方法是"综合分类法"，就是将运动实践部分的内容同时按照运动项目和身体素质两个方面进行分类，但实质上仍是以运动项目的类别进行分类，它忽视了运动技术与运动能力的整体性问题，因为并不存在能够脱离体能保障的完美技术。继综合分类法后，我国学者提出了"以教学目的进行分类"的方法。提出该种方法的学者认为，1993 年版公共体育教学大纲在分类上遇到难题的根本原因在于"没有考虑到在以运动项目分类和以身体素质分类的上位还应有一个分类的方法"和"没能找到能包容运动项目和身体素质的上位分类方法"。该方法是以询证不同教学目的所对应的上位分类源为基础，依据建构主义的基本逻辑，在追求多元化教学目标的基础上，匹配适用于不同教学目标的内容设计，试图建构完整教学目标体系的过程，其目的在于增加身体练习人为的规定性，欲以避免内容重叠所引发的逻辑矛盾问题。但以教学目标规约公共体育教学内容分类的方法存在以下问题：①如何确保不同层次的教学目标对接无交叉。

②不同教学目标对应的教学内容是否构成全异关系。例如，同属运动实践目标层中的分目标"为掌握运动项目技能的身体练习"（技术培养）与"提高身体素质的身体练习"（体能提升）的目标之间就存在内容交叉的问题。任何一项运动均由包含多个环节的复杂运动系统所构成。茅鹏认为"技术"与"体能"好比同一运动能力实体的不同指称，犹如一枚硬币的正反两面，所谓力量、耐力、柔韧、灵敏特指运动能力的四个维度，并非抽象性的身体素质的实体，如若将这个体系当作运动能力的体能基础，就会在无知觉中造成技能学习的"损效"。由此而论，"以教学目的进行分类"的方法割裂了运动能力与运动技术间的内在联系，造成其在目标的对接上含混不清。再者，该分类方法对不同教学内容上源教学目标的提取无法满足全异关系，也就是说，这些以探究公共体育教育目的与本质的教学目标不能真正全纳公共体育教育的功能与价值。追本溯源，产生这个问题的根本原因在于询证公共体育知识属性及其价值过程中的认识偏差，无论以运动项目抑或是以公共体育教育目的进行的分类方法，都无法深刻揭示公共体育教学内容分类的科学性。换言之，前人的研究中鲜有意识到某一种运动项目本身所具有的综合性，即运动项目本身所要求的运动技术多样性和规范性的同时，自然兼顾了人体基本活动能力和运动素质的发展。所以，结合前人的相关研究成果认为公共体育教学内容的分类应系统分析不同运动技能在性质和特征上的差异，具体称其为"性质分类法"。"性质分类法"主要源自 Gentile 等人对动作技能习得规律的揭示。

Gentile 等人将环境背景作为动作技能分类的第一个维度。环境背景包括规定性调节条件（固定或运动）与操作节律（无尝试间变化与有尝试间变化）的组合关系。调节条件是指决定（调节）动作操作特征的环境背景，分为固定的调节条件和运动的调节条件。固定的调节条件强调环境的空间特征决定动作的空间运动特征，而动作开始时间由操作者掌握；运动的调节条件是指环境的空间和时间特征决定动作的空间特征和动作开始时间。操作节律则指在一种情境或一次练习中进行的技能操作中存在的调节条件，在下一操作情境或练习中出现或不出现的不确定性，强调践行相应技术动作的协同性与稳定性。由此可见，动作技能的性质取决于调节条件（固定或运动）与操作节律（无尝试间变化与有尝试间变化）的组合方式，一旦动作技能表现过程中的调节条件不发生变化，那么动作技能的性质（封闭性或开放性）就不会发生实质性的改变。同时，Gentile 依据动作功能提出，我们可以根据技能操作过程中是否存在身体位移或器械操作进行动作的功能性判断，身体定向是指身体位置的改变与保持。有些技能不仅需要身体定向的能力，还需要改变或保持操纵对象的位置。当某种技能不仅具有身体定向（稳定或移动）的要求，还需保持操纵的功能指向时，无疑提升了技能的操作难度。所以，Gentile 根据任务的环境背景与任务的预期功能，将动作技能按其性质特征分成以下四种类型：①固定的调节条件＋无尝试间变化＝完全封闭性技能；②固定的调节条件＋有尝试间变化＝适度封闭性技能；③运动的调节条件＋无尝试间变化＝适度开放性技能；④运动的调节条件＋有尝试间变化＝完全开放性技能。具有不同性质的动作技能规范了教学内容分类的条件。以具体教材实证为例，如将教学内容设置为"持球练习篮球的变向突破技术，并加防守"，该教学内容按其环境背景、调节条件、功能定位就应被划归为在运动的规定性条件下（动作的开始与结束具有时间与空间上的不确定性），有尝试的变化（需要根据防守人的位置判断突破的时间节奏），有操纵的移动性技能（强调跑动中突破），其定性为完全开放性的移动类技能。可见，"依据技能性质特点"进行分类的方式促进了运动技能教学内容从简到繁的递阶性过渡，符合公共体育知识传习的递阶规律，从而确保了教学内容功能转向的科学性与合理性。

（二）公共体育教学内容的分层

探讨教学内容的层次性，首先要厘清公共体育教学内容的内在结构，分析内在结构的基础在于深入理解事物的基本属性。那么，何谓教学内容呢？教学内容系指在特定教学目标下，学生应掌握的概念、术语、原理等知识，并包含由此生发的技能、观念、态度、价值观等。由此来说，教学内容具有双重属性：一方面，教学内容包含学生应直接学习的学科知识，如在公共体育教学内容的学习中，应重点传授技术要领、技术规则等对象性知识。进一步来讲，对象性知识即为某一学科的结论性知识。另一方面，是指学生在掌握学习知识的基础上应发展的能力，即对知识的学习过程的理解与感悟。如在学习具体的技术要领、技术规则时，通过知识形成的过程、运用的方法以及知识衍生的情感态度及价值观，即通过学习某项运动技术的自身体验，理解知识背后的意义和力量。张洪潭认为公共体育知识是人的多种操作能力的基础环节和积极作用的结果。公共体育知识并不是独立存在的，它总是要与认知性知识相互作用，才能得以体现。也就是说，公共体育教学内容的分层不仅要探索对象性知识的结构，还应剖析过程性知识与对象性知识的内在联系结构，以及二者在层次上的递进关系。

现阶段我国公共体育教学内容层次的划分主要依据"理论知识"和"公共体育技术"、"学习"与"练习"、"多时数"与"少时数"以及"素质练习"与"技术练习"等方式进行教学内容分层。这种教学内容层次划分的基本思路，是以广泛性为前提，注重对公共体育教学内容横向联系的理解，缺少对公共体育教学内容纵向复合性的探究。简而言之，就是割裂了公共体育基本知识、运动技能以及知识引申的情感态度与价值观的纵向联系。与此同时，以广泛性为前提的分层方式，尚需两个必要条件：第一，对教学计划的全面预设；第二，采用模式化的教学设计。但在实际的教学情境中，充斥着机变与创生，两个必要性条件难以得到满足。同时，模式化的教学设计封闭了教学创造性发生的可能，以传统教学内容分层的思路作为公共体育教学内容分层的基本逻辑，很难探究不同运动技能间的内在联系，况且运动技能种类繁多，技能分类的原则与方式皆有不同，以具体项目划归的分层逻辑不仅缺乏操作性，公共体育教师在教学内容的选择上也很难穷尽所有运动技能，导致无法揭示教学目标与教学内容的一致性、教学要求的差异性、传承文化的时效性、难易技能的包涉性。根据公共体育知识的基本属性和内在结构，能够有效建立不同运动技术链间的横向与纵向联系，并能使其匹配不同阶段（不同水平）的教学目标，才是公共体育教学内容分层逻辑的关键。而传统的教学内容分层主要依赖部分学科知识特点追求泛化性的教学结果，问题在于，"目标统领内容"，也就是根据教学目标设置的"目标的内容"而不是"内容的目标"。这样既脱离了教学目标与教学内容间的内在联系，割裂了"技能目标""体能目标""情意目标"的统一关系，又阻碍了特定教学情境下教学主体（学生）对教学载体（教学内容）所能生发的情感、态度和价值观，以致无法实现各阶段教学内容衔接的潜移默化。因此，公共体育教学内容分层的问题归根结底就是处于某一水平（某一年级）的学生应该学习什么样的内容，以及应该达到什么样的技能标准和情感体验的问题。

通过解构公共体育知识基本属性的相关结论可知，公共体育知识的内在结构是从探索人类动作发展的一般性规律为前提的水平出发，处于不同阶段的少年儿童其动作模式、动作技能以及相关运动能力的发展均呈现出递阶性特征，以此说明少年儿童动作发展的质量、顺序、积累方式等存在一定的发展规律，且少年儿童可通过传授身体运动的概念、原理、策略和方法，强化公共体育基础知识，提升身体活动和体质水平，通过切身的学习挑战与体验，得到情感意志以及社会适应行为的培养。在此过程中，基础动作、基本动作技能、基本运动技能（过渡性运动技能）以及综合性运动技能（复杂性运动技能）代表了动作技能学习的四个阶段，且不同阶段对人体功能、机能和体适能的要求有所不同，要求的不同意味着技能微观动作结构与宏观组织策略的差异，微观动作结构的差异指向动作技术操作难易度的自寻辨识，即动作的结构性差异内化了动作技术学习的客观规律。宏观组织策略的差异则指向前提性基础结构设计上的互异，也就是不同学习任务的特性决定了其前提性基础结构运用的可能，用于强调如何建立课程内容与教学目标的联系及其对接的问题。所以认为，基础动作、基本动作技能、基本运动技能以及综合性运动技能构成了公共体育教学内容的四个层级，以此作为公共体育教学内容层级划分的依据，有利于实现不同层级公共体育教学内容与多元公共体育教学目标的统一。

（三）公共体育教学内容的排列方式

教学内容排列方式的合理性是对教学系统性以及教学内容配比合理性的反应。知识的学习必须系统化，知识的传授必须遵循严密的逻辑顺序，如何实现运动技能作为知识的系统化转化，则需深入探究运动技能作为系统性知识的基本特征及其习得性规律。传统的公共体育教学内容排列方式主要包括"螺旋式排列""直线式排列"以及"周期循环式排列"三种排列方式。螺旋式排列的主要特征为：相同教学内容在各年级反复出现，主要适用于复杂性运动技能的排列。直线式排列强调不进行相容教学内容的重复排列，通常用于设计比较简单容易掌握或比较复杂不需深入学习的教学内容。周期循环式排列主要根据教学内容的属性特征，将其分为精教类、简教类、介绍类以及锻炼类四个层次，并进行大小单元与大小周期的交替设计，主要通过周期循环与练习强度调节公共体育教学内容的排列方式。其中，螺旋式排列与直线式排列是以运动技能的难易程度作为排列方式选择的依据，而周期循环式排列主要是以对教学内容在时间序与空间序中的排列规律的探索为基础所构建的排列方式。以上排列方式主要从公共体育课程内容的性质（必修课或选修课）、公共体育课程内容的形式（基础理论知识和操作性知识）以及公共体育课程内容的组织方式中提取教学内容的共性特征所设计的排列方法，但从以上的排列方法中很难回应以下问题：①如何梳理公共体育知识的发展顺序和逻辑关系，也就是如何对公共体育知识进行从低结构到高结构的分级？②如何衡量不同技能特征及其难易程度的标准？③如何确保教学内容在时间序与空间序中排列的合理性？

造成这些问题的根本原因在于，传统的公共体育教学内容排列方式是公共体育教学目标统领教学内容的结果。就是依据教学目标所规定的范畴，确定不同教学内容间难与易、多与少的组合问题，表现在以具体运动项目为单位，如"篮球""铅球""中长跑"等，不同项目的总称作为教学单元的总体，将具体的技术教学转化成具体教学单元中的教学顺序。这种设计理念均是以各水平公共体育教学目标设置为基础所遴选的"目标的内容"。然而，对应具体教学目标所选择的教学内容实际上回避了对学生动作发展规律的科学认知，也就很难把握不同教学内容间共性的功能结构，也就无从定论处于不同水平的学生应如何选择与其对应的教学内容。公共体育教学内容的变易是无边界的，所以我们在甄选公共体育教学内容时，不可能穷尽所有的运动项目，但公共体育教学内容在关键性特征上的变易是有边界的。所谓关键性特征，是指某项公共体育教学内容中最核心的要素，如直线跑、曲线跑、变速跑等不同形式的跑，跑的基本特征即为建构不同教学内容的核心特征。由此认为，探讨公共体育教学内容排列的法则，并非单纯以公共体育教学内容的性质、形式或组织方式作为公共体育教学内容排列设计的依据，而应抓住不同公共体育教学内容的核心特征，以确立不同教学内容在时间序与空间序中排列的先后顺序和教学内容排列的标准。通过对公共体育知识结构以及学习规律的探索可知，动作单元构成了公共体育知识的蓄积方式，动作单元是人类基础动作模式的包涉性概念，不同动作模式的功能差异构成了不同公共体育教学内容的核心特征。所以，以多元公共体育教学内容的核心特征为基础所建构的公共体育教学内容排列法则乃是一种新的公共体育知识的传习方式，新的传习方式是以公共体育知识的操作性属性为基础，表现为身体运动系统反复操作后，产生实有功效的程序化知识的形态。

程序化知识强调知识的学习是有先后序列的，程序本身指方法，"化"表示学习的过程。运动技术的学习也被尝试定义为操作性知识的程序化过程。运动技术学习的程序设置，也就是学习运动技术的先后顺序，受不同运动条件的影响，从而提出公共体育教学内容的"条件式排列"法则，旨在说明公共体育教学内容的排列应在探索公共体育共性知识结构的过程中，不断询证知识结构的组合条件。例如，如何根据篮球技能的技术要求和核心特征衍生出多样化且具有明显难易区分度的教学内容，并如何排列其习得的先后顺序，使之准确迎合某一具体学段的教学目标。根据 Gentile 等人提出的二维动作技能分类法的基本观点可知，任务的环境背景以及任务的预期功能制约着动作技能的操作条件。环境背景的限制条件越多，任务的功能越复杂，所需的技术动作越复杂，参与活动的肌肉越多，体能要求越高。所以，运动技能传习的难易程度受不同环境背景及其预期功能的双重制约，反映了不同技能的动作特征和系统特征，从而确定不同运动技能在时间与空间中的习得序列。

（四）公共体育教学内容遴选的依据和原则

1.遴选公共体育教学内容的依据

已有知识论的观点认为，教学就是教师与学生之间展开的关于知识的传习活动。那么，公共体育教学就是公共体育教师与学生之间进行具有不同运动知识特点的传习活动。公共体育知识的传习依赖于人脑的认知信息加工以滋生人类运动经验的积累。

这种运动经验蓄积过程乃是人脑信息加工的结果，是组织人体运动的程序性规则。该程序的确立关涉人体运动的基本规律，而动作是构成不同人体运动形式的基元，是构成运动技能的结构性基础。所以，公共体育教学内容遴选的关键在于整合不同运动技能的动作结构特征及其序变规律，探究既定运动条件下，不同运动技术的结构性特征及其衔接方式，以询证特定内容的组合功能及其传习的递阶规律。

2.遴选公共体育教学内容的原则

一直以来，遴选公共体育教学内容的原则总是在传习运动技术或是增强体质中往复徘徊，实际来说，技术是理解运动的关键，运动技术反映了人体同运动条件的相互作用和相对运动的合理关系和合理过程。而运动条件关涉经由科学实践引证的人体动力学、运动学相关的客观因素，具体如人的体格、体力。也就是说，运动技术的学习必然伴有具体关节的力量、柔韧等体能问题，而运动技术的正确传习自然会招致技术提升和增强体能的双重收效。由公共体育知识属性及其传习规律可知，运动技术的传习是不断强化动作结构在时空关系中逐步稳定的过程。在动态的操作环境中，稳定结构的建立主要依据身体（肢体部位、身体形状、身体活动）、空间（方向、水平、路线、伸展）、动力（因素和韵律）、关系（互动对象、互动模式）等多元动作相关要素的组合方式的变化加以呈现。换言之，一切教学内容的甄选均应来自动作四要素变化配合的结果，其原理在于技术指称人体各关节的相对运动，各关节运动的次序、路线、强度、方向等要素就构成了运动技术互异多变的关键，为实现公共体育对人体自身的改造创造了条件。所以，公共体育教学内容的遴选应遵循技术性原则，以强化运动技术的功能性和递阶性。

构建适性化的公共体育教学内容体系是达成公共体育教学目标的重要基础，适性化的公共体育教学内容体系应是符合学生身心发展特点，适合不同学段、不同水平，并具有高度灵活性和可操作性的体系化结构。以动作指向技术合理性的要求为前提，其内部符合人体生理学结构，其外部服从人体运动规律，反映了人体在不同的运动情境下，身体运动表达的合理性，从而实现了特定教学阶段与特定教学任务的功能性对接，对准确揭示公共体育教学内容的递阶性以及促进公共体育教学内容的功能性开发具有重要意义。

第二节　公共体育教学内容存在的问题

公共体育教学内容作为素质教育中不可或缺的内容，是培养高素质综合人才的必然途径。尽管新教育理念和新课程不断推广和深入，越来越多的教师开始注意公共体育学科建设，但是传统应试教育的思想还没有完全退却，有的教师和家长仍然并不重视公共体育学科，教学上教师在内容制定上过于随意，缺乏科学性，严重地影响了学校公共体育教学活动正常开展，阻碍了学校公共体育学科建设。

一、学校公共体育教学内容设置上存在的问题

（一）教学内容过于僵硬，创新力度不足

尽管说公共体育课是一门以实践为主的教学活动，但是在学校教学中，每个学期的首堂课通常都是在教室里完成的，教师会对整个学期的教学内容进行一个简单的概括总结，并对学生进行一个简单的指导。从学校的教学内容设置来看，设置的内容很多地方都存在过度成人化、竞技化的倾向，年龄与教学内容不匹配很容易造成学生对学习内容失去兴趣，学生很难积极主动地参与到公共体育活动中。同时，有的学校公共体育教学内容设置上过于随意或者过于僵硬，这很容易让学生产生公共体育学科属于不受重视学科的错觉，于是出现学习兴趣不高等问题。

（二）公共体育教学目标失准

通常来说，学校的公共体育教学内容是根据学校公共体育教学大纲设定的，而学校的公共体育教学大纲则是根据以往的公共体育教学总结的经验以及在目标研究基础上形成的，所以学校公共体育教学的目标就显得尤为重要。有的学校制定的公共体育教学目标较为符合学校的教学特点和现状，但是不可否认的是目前有的学校的公共体育教学目标还缺乏一个全面的、科学的研究和规划，造成了学校公共体育教学目标不明确，使得教学内容设置上也不切合学校的实际情况和学生的特点，阻碍了学校公共体育学科的发展。

（三）课程内容无法培养起学生公共体育锻炼意识

对于学校的公共体育教学来说，在课程的内容设置上应该需要培养学生终身锻炼的意识，所以在教学内容设定上需要以终身化的教育为主，但是很多学校都忽略了这一点，导致内容设置上并没有结合终身化的教育目的需求。就拿高校公共体育教育来说，通常采用的是一年级公共体育基本课程教学，二年级选修，三、四年级没有课，这种教育局面很难让学生形成一种终身化的公共体育锻炼意识，所以这一现状势必在未来会有所改变。

二、学校公共体育教学内容设置上的改进措施

（一）加强学校公共体育师资建设，增强创新意识

学校的公共体育教学内容通常都是由教师根据学校的公共体育教学目标进行灵活设置，所以公共体育教师的综合素质高低就成为教学内容制定得是否科学、完善的主要影响因素，所以学校应该重视公共体育教师的综合素质培养工作，加强学校公共体育师资建设，以不断地结合学校实际情况和学生特点进行改革创新，完善公共体育教学内容设置，同时提高公共体育教师的综合素质，同样能够提高公共体育教学的质量和效率，这对学校的公共体育学科发展极为有利。

（二）完善教学质量评价

公共体育教学是否得到了有效合理配置是影响公共体育教学质量的重要因素。公共体育教学配置直接能够反映出学校公共体育教学的质量和效果，所以在学校内容设置阶段需要建立起一个科学完善的教学质量评价体系，选取合理的评价指标，根据各项评价指标来反映当前公共体育教学的质量，从而发现问题并完成内容设定的创新与改进；同时教学的质量又直接反映出公共体育教学内容制定得是否合理。可见教学内容、评价体系、教学质量是一个有机的整体，能够全面反映学校的公共体育教学情况。

（三）教师要注重实践和研究

随着教育制度的改革，目前的学校公共体育教学通常都是把新大纲《公共体育与健康教学大纲（试行修订本）》作为公共体育内容的教学标准。在内容的制定上，学校公共体育教师的自主权较大，为了进一步地制定出更合理的教学内容，需要公共体

育教师不断地研究，不断地实践，通过研究和实践来不断地总结经验，不断地完成教学内容设置的创新和完善，如此公共体育教学内容将会越来越完善，也必将有利于提高公共体育教学的质量和水平。

（四）学生主动积极地创新

公共体育教学内容的完善并不单单是公共体育教师的责任，同时也是所有学生的责任。首先要让学生明确学习内容的制定是为了让学生更好地进行学习，学习是否有效还得是学生自己说了算，所以需要学生对当前的教学内容说出自身的感受，并向公共体育教师提出相关的建议。这样不仅能够快速地提升教学内容的完善度，同时能够加强师生间的交流，还能够不断地培养学生的创新能力、发现问题能力、思考问题能力和解决问题能力等。

总体来说，随着素质教育理念的不断推广和深入，学校的公共体育教学越来越受到人们的重视，但是在公共体育教学内容的设定上还存在一定的问题，为了切实地满足素质教育的要求，本节主要对当前学校的公共体育教学主要面临的内容设置问题进行了简单的分析，并提出了几点笔者的浅薄建议，希望能够有利于公共体育学科的建设，有利于提高学校的公共体育教学质量和教学水平。

第三节　公共体育教学内容的发展特征

新中国成立以来，我国普通高校的公共体育教学内容随着社会的发展大体经历了三次比较大的改革。第一次变革是新中国成立后到 70 年代，这一次的公共体育教学内容，注重技术和体力的提高。为响应毛主席"锻炼身体，保卫祖国"的号召，公共体育教学内容有鲜明的政治目的，基本上以跑、跳等提高体能锻炼为主。70 年代末，提出了以增强体质为目的的公共体育教学内容，主体内容仍然基本沿用以前的教学内容，公共体育教学单纯是为了提高学生的身体素质，达到健康的目的。到了 90 年代末，我国的公共体育教学内容向生理、心理、社会的功能方向转变，发生更大的改革，提出公共体育教育要满足培养学生的身体健康、运动技能的学习、社会适应能力。目前，普通高校公共体育教学内容已经发生根本的变化。普通高校的教学内容具有更鲜明的特点。

一、公共体育教学内容有鲜明的时代性特点

时代在发展，科学在进步，经济全球化，各国的政治、经济、文化交流频繁。高校的公共体育教育作为高校教育的重要组成部分，其内容也有鲜明的时代特点。

（1）公共体育教学内容符合民族化、国际化的需要。从我国目前的普通高校的公共体育教学内容来看，公共体育教学内容是民族传统公共体育和国际公共体育教学的内容衔接。我国普通高校的公共体育教学内容有鲜明的民族特色，如武术、太极拳等，几乎全国所有高校都在开展，是高校公共体育教学内容的半壁江山。同时，有浓郁地方特色的校本课程的教学内容，更是包含地方特色的公共体育运动。例如，具有我国特色的摔跤、赛龙舟、舞狮、舞龙、登山、拔河、象棋、围棋、毽子、风筝等公共体育运动项目在各个高校相继开展。高校间的各种民间公共体育的比赛也相继开展，进一步促进了民族传统公共体育在高校的开展和发展。同时，普通高校公共体育教学内容又与国际接轨，有鲜明的国际特色。例如，拓展定向运动、攀岩、网球、高尔夫球、滑旱冰等国际流行的公共体育运动，自从课程改革以来，如雨后春笋般在普通高校的公共体育教学内容中展现出来。这充分体现了普通高校公共体育教学内容的国际性特点，充分体现了高校作为我国发扬民族文化、借鉴外来文化的文化堡垒的特点，是先进文化的吸收者和传播者的角色。这种普通高校公共体育教学内容的民族性、国际性的特点，符合中国的时代发展特点。

（2）高校公共体育教学内容领域渗透当今先进的科学技术。"科学技术是第一生产力"，改变着人类的物质生产和生活水平，必然丰富和提升着人类文明的形式和内容。科学技术运用到公共体育领域，提高了运动的外部环境和内部质量。科学技术尤其表现在竞技公共体育的场地、器材、装备、训练等方面，促使竞技公共体育的水平不断突破，而我国竞技公共体育高校化的进程，必然渗透高校公共体育教学内容的领域，对高校的公共体育教学内容产生影响。从整体来看，高校运动场馆的现代化、运动器材的高科技都促使公共体育教学内容的变革。高校公共体育教学再也不是以前的一块场地、一群学生的情况，各个大学都拥有现代化的公共体育场馆和器材。科学技术运用到公共体育领域，提高了校园公共体育运动的安全性、可行性，提升了学生的健康水平。

（3）高校公共体育教学内容符合我国经济高速发展的需要。随着经济的发展，消费者的消费结构也发生了巨大变化，让很多昂贵的运动项目有了走进高校校园的可

能，学校有经济条件开设高消费的公共体育运动项目，学生也有经济能力来承担高消费的公共体育运动，有能力承担高昂的场地费、器材费、装备费。随着经济实力的提高，学生不再满足简单地跑步、篮球、足球、武术等传统的公共体育运动，很多学生紧跟时代的潮流，更愿意参与到高尔夫、网球、定向越野运动等公共体育运动。相反，学生对这些公共体育运动的喜爱，又促进了公共体育相关产业的发展。

（4）公共体育教学内容满足当今大学生对公共体育内容的需求。当今大学生接触的新生事物多，接受能力强、快，更具有冒险和尝试精神，很多学生对作为新事物的公共体育运动的内容接受很快，更愿意去尝试。从公共体育教学的内容上来看，大学校园的公共体育教学的内容，都紧跟时代的步伐，新鲜的公共体育运动很快就走进校园。例如，有的大学校园甚至出现了橄榄球、攀岩、保龄球、登山等公共体育运动项目。这些公共体育运动的出现，反映了大学生对新鲜公共体育运动的追求。

二、公共体育教学内容的休闲性特点

从普通高校的公共体育教学内容来看，越来越注重公共体育的娱乐休闲功能，很多高校都增加了休闲、娱乐性强的公共体育运动项目。例如，小球类运动，户外健身拓展运动，极限和强烈运动，有氧体操运动，太极拳等休闲运动。这些公共体育运动在高校中深受学生的喜爱，降低了公共体育的竞争功能，更多地体现公共体育的休闲、娱乐、放松功能。高校公共体育教学内容的选择适应时代发展要求。

（1）公共体育教学内容的休闲性特点是社会发展的需要。随着我国经济的发展、生产效率的提高，人们有更多的闲暇时间由自己支配，人们的生活观念发生了巨大的变化，"花钱买运动，花钱买健康"已成为新的社会时尚。休闲公共体育与人们的生活水平和生活方式有着直接的联系。大学生作为将要走进社会的成年人，需要增加对社会生活的体验，自然而然地增加了对休闲公共体育的需求，也是大学生融入社会的需要，推动了休闲公共体育教学内容走进大学校园。例如，国际交际舞、形体舞蹈、健身操、斯诺克运动、台球运动、拓展运动等在很多大学中开展。

（2）公共体育教学内容的休闲性特点是大学生生活方式转变的需要。社会竞争日益激烈，大学生作为生活方式变化最活跃的一个阶层，也必然接受来自竞争的压力。现代大学生学习竞争激烈，生活节奏快、效率高、生存压力大，增加了大学生的精神压力，带来一系列的心理健康问题，大学生需要能调节心理压力、促进身心健康的休闲运动方式。而休闲公共体育锻炼不仅是身体锻炼的需要，也是休闲娱乐、排遣压力最有效的方法。在这样的社会背景下，普通高校以愉悦、放松、休息为主要目标，带有休闲、娱乐、积极态度的休闲公共体育，成为学生的追求方式。

三、公共体育教学内容向更有教育功能方向发展

高校公共体育教学的本质功能是教育功能。目前公共体育教育目标向综合化、全面化方向发展，不但要增强学生的体质，还要培养学生的心理品质、情感体验、社会适应能力，形成良好的道德。这样一来，公共体育教育内容的选择要能充分挖掘和发挥公共体育的教育功能。

（1）公共体育教学内容满足学生公共体育运动实践的需要。公共体育教学必须通过身体实践活动学习运动技能，并承受一定、适宜的运动量，以促进身体素质的提高、身体的全面发展，在运动实践活动中，掌握健康的知识技能，培养公共体育兴趣、良好的精神及锻炼习惯。目前普通高校公共体育教学内容的改革，目的是让学生能掌握 1~2 项公共体育运动项目，毕业后易于坚持锻炼的运动项目，不受年龄、运动负荷限制的运动项目，掌握公共体育运动的方法和手段。公共体育是一种习惯，不是仪式。公共体育在公共体育课中，更在生活中，符合学生走入社会，形成终身公共体育锻炼习惯的需要。

（2）公共体育教学内容满足大学生心理发展的需要。大学生作为一个特殊的群体，是国家发展的栋梁，公共体育教学内容要发挥公共体育的教育功能，符合学生心理发展特点，满足培养大学生走入社会的各种品格，发挥公共体育教育的特殊教育功能，培养大学生稳定、健康的心理品质，培养大学生坚强、勇敢、顽强、不服输的精神，锻炼大学生承担成功和失败的心理能力。为大学生走入社会，面对各种各样的挫折做好准备。

（3）公共体育教学内容满足大学生适应社会发展的需要。大学生最终是要进入社会，融入社会，成为为社会发展做出贡献的人，目前高校公共体育教学的内容安排体现出培养大学生的团队意识和协作精神。发挥公共体育教育的特殊教育作用，公共体育教学内容的安排，在公共体育运动中体现出不同的社会角色，学生参与其中，犹如参加社会实践活动，体验不同的社会角色，锻炼自己的适应能力。

四、目前普通高校公共体育教学内容存在的不足

（1）教师的配备无法满足学生对公共体育教学内容的需要。目前，高校公共体

育教学内容变化速度快，以前一些高校必修的公共体育教学内容，通过高校公共体育课程改革，都已经失去了市场。例如，田径运动、部分球类运动。由于学生选择教学内容的自主性增加，学生都选择自己最喜欢的公共体育运动项目，一些时代性强、运动方式新颖、运动价值高的公共体育项目受到更多学生的青睐，学生对教师的要求也越来越高。而从目前的教学情况来看，很多教师都是临时改项，对很多运动项目一知半解，无法跟上学生对公共体育运动项目选择的步伐，无法满足学生对公共体育运动技术的高要求。教师无法完成教学，这样的课程内容设置形同虚设，降低了公共体育教育的功能。

（2）高校公共体育的教学内容没有突出自己的特色和地方公共体育资源的公共体育教育。很多普通高校的公共体育教学内容，从表面上看紧跟时代的潮流，公共体育教学的内容虽然开得很多，但没有自己的特色，没有考虑自己学校的实际情况，就盲目地开始新颖的公共体育教学内容。例如，有的高校盲目地开展高尔夫项目的公共体育教学，由于没有硬件设施，学生高尔夫球杆都没有，只能做原地的徒手练习。这样一来就造成了公共体育教育资源的浪费。学校应该根据自己学校的实际情况，有条件、有选择地选择公共体育教学内容，突出学校公共体育教学的特色。地方公共体育资源的公共体育教育是我国高校公共体育教育内容的重要组成部分，我国的普通高校不能一味地只看到国际、国内一流大学开设的公共体育课程，而忽视自己眼前的公共体育教育资源。国际、国内一流的大学有一流的人力资源和资金投入，不是普通高校能比拟的，而地方公共体育资源，民族性强，方便使用，锻炼价值高，更适合地方大学的公共体育教育。

第三章　高校公共体育教学设计改革

第一节　公共体育教学设计概述

对公共体育教学设计的要素内容及撰写规范进行归纳和分析，得出公共体育教学设计包括指导思想、教材分析、学情分析、教学流程、场地器材、安全防范和课时计划七个要素，本节对每个要素的撰写要求进行分析。

公共体育教学设计是公共体育教学工作的重要内容。高效的公共体育教学必然要求高质量的教学设计。但从当前的研究来看，一线公共体育教师的教学设计存在一些问题，如基本要素不全、随意增减内容、撰写不规范、分析不深入、缺乏针对性等，反映了一线公共体育教师理论水平不高，教学设计能力不足的问题。本节在参考同类研究的基础上，深入分析公共体育教学设计的基本要素及各要素的撰写规范，以期为公共体育教师撰写规范的教学设计提供参考。

一、公共体育教学设计的概念

公共体育教学设计是指为了达成一节公共体育课预期的教学目标，运用系统观点和方法，结合教学过程的基本规律，对教学活动进行系统规划的过程。公共体育教学设计直接指向的是课堂，是对公共体育课堂教学的整体构思与具体规划，公共体育教学设计与教学计划是具体落实与宏观规划关系，与课时计划是上下位概念的关系。公共体育教学设计涉及从内容选择到方法的选用、从学情分析到练习方式的安排、从场地的布局到教学的流程等一系列内容，实际上是通过分析阐明教什么、为什么教、如何教等一系列教学基本问题。

二、公共体育教学设计的基本要素

长期以来，我们对教学设计概念的认知不清，在全国第八次新课改后，许多"新理论"不断涌现，令人应接不暇，直接造成了一线教师教学设计模式层出不穷，参差不齐，甚至在全国性比赛中都存在此类问题。但经过这些年的深入研究，公共体育教学设计基本要素基本固定下来，一般认为公共体育教学设计包括指导思想、教材分析、学情分析、教学流程、场地器材、安全防范和课时计划七个要素。其中前六个要素是从总体上对公共体育课的构思与分析，通常以文字形式呈现，课时计划则是教学设计最核心的部分，是课堂教学实践的直接依据，一般以表格形式呈现。

三、公共体育教学设计的基本要素分析

（一）指导思想

指导思想看起来虚无缥缈，与教学实际没有密切的关系，但它起着导向的作用，是开展公共体育教学活动的方向和依据。指导思想一般都会排在公共体育教学设计的首位。其撰写要求为：站位高，引领强，有针对性。指导思想可分为宏观、中观和微观三个层次，如立德树人、全面发展等属于宏观层次的提法；课程标准、课程目标等属于中观层次的提法；运用有球练习提高学生的足球球感、运用丰富多彩的教学手段促进学生蹲踞式跳远技术的提高等属于微观层面的提法。

（二）教材分析

教材是教学的载体，离开了教材，教学就无从谈起。新课改要求将教教材改为用教材教，即要树立教材是为学生发展服务的理念。公共体育教学设计中的教材一般是指狭义的教材，即教学内容。教材分析要在全面了解所选教材的前提下，深入分析其特点、功能、技术要领、重难点、教学方法及一些关联性因素。务必要阐述清楚公共体育教学教的具体内容是什么，教的目的是什么，教的方法和手段是什么，等等。凡是不对教材进行深入分析就开展教学的便是随意教学、盲目教学，为学生发展服务更是无从谈起。所以，在撰写教材分析的时候要写全、写实、写透。

（三）学情分析

学生是课堂的中心，教学活动的出发点和落脚点都是学生。只有准确了解学生的情况，才能选择合适的教学内容，制定合理的教学目标，采取合理的教学方法和组织形式。学情分析包括学、情和析三个方面的内容，学是指学生的人口情况，如人数、性别、健康程度等；情是指学生学习的情况，包括课堂内和课堂外的情况；析是指分析，在把握学和情的基础上进行深入分析。换句话说，对学生基本情况的描述是必不可少的，但不能仅仅停留在阐述学生的年龄、性别、生理与心理特点、兴趣、爱好等上，还应对与本节课密切关联的学生体能基础、技术基础、学法基础、锻炼习惯、学习态度等进行客观分析，从而实现描述和分析两个层面的叠加效应。所以，在进行学情分析时一定要与课堂挂起钩来，避免出现放之四海而皆准的学情分析"真理"。

（四）教学流程

顾名思义，教学流程是指教学环节的流程，主要是指教与学环节的活动顺序，通常是主教材的教学步骤。而教学流程最容易被误认为是课的流程，其主要原因在于对"教学"的概念把握不准。一节课中并不是所有的环节都属于教学环节，如课堂小结、放松活动、体能练习等就不具有教学性质，不能是教学流程的内容。对于教学流程而言，只要在教学流程要素下讲明主教材教学的各环节安排及相互关系，就已经达到了最基本的要求。

（五）场地器材

场地器材是开展公共体育教学的物质保障，同时是安全隐患的集中区。场地器材的基本要求为安全系数高、面积（数量）充足和布置合理。安全系数高主要是指场地器材结构牢固，无明显湿滑，不能出现因场地器材安全性不过关造成的伤害事故，如学生使用本已断裂的单杠时摔伤、准备活动慢跑时踩到水摔倒等。面积（数量）充足是指在实际条件允许的情况下，尽量给学生增加练习面积和设备，提高练习密度，巩固技术效果，如前滚翻练习时增加垫子数量，增加学生练习的次数。布置合理是指场地器材的布置要充分考虑教学内容、教学方法、学生特点及教学环境等方面的要求，要让场地器材更好地为教学服务，为学生的发展服务。

（六）安全防范

安全防范是公共体育教学设计的重要内容，安全防范针对的是公共体育活动存在一定概率的身体伤害隐患。良好的安全防范措施可以大幅度降低学生受到运动伤害的概率，同时可以在公共体育伤害事故发生后教师被认定为主要责任人的现实情况下最大限度地保护教师。但实际上安全防范意识并没有在公共体育课堂上树立起来，在教学设计中也被虚无化，造成安全防范有需求却无落实、有提及但不具体、有要求而无操作的尴尬现实。在撰写安全防范时，要从教材到教学，从场地器材到组织，从生理到心理等多角度分析安全事故发生的可能性，并根据安全隐患的类型采取针对性、操作性强的防范措施，真正做到防患于未然，要让"注意安全"从口号变为实际，从"安全防范很重要"走向"安全防范很到位"。

（七）课时计划

课时计划亦称教案，是教学设计的最核心内容，是课堂教学实践最直接的依据。完整的课时计划应包括教学内容、教学目标、重难点、课的内容、师生活动、组织形式与要求、时间次数强度、练习密度、负荷预计、课后反思等内容。在记录每一部分时，都需要做到明确、具体、科学、实际。不要出现"进一步提高学生蹲踞式跳远的技术""初步掌握篮球肩上投篮动作""通过本课学习，学生排球技术大幅度提高"等模糊表述，让课时计划真正回归其教学依据本质。

四、公共体育教学设计基本要素的应用性

公共体育教学设计的基本要素包括教学内容、教学对象、教学目标、教学过程、教学评价等，公共体育教学设计的基本要素相互联系又相互制约。公共体育教学设计就是根据教学目标、教学要求、教学过程、教学环节、教学评价等要素设计教学。在公共体育教学中，教学的整个过程都是依据教学设计来完成的。现结合初中七年级"蹲踞式跳远"教材案例的应用要求，提出相应意见。通过这种应用性的研究使公共体育教学设计更加成熟，以达到进一步提高公共体育教学水平的目标。

（一）以学生为主体设计好教学内容要素

教学内容是教学的依据，是设计教学目标和教学过程等要素的依据。教学设计是对教学内容和教学过程的教学安排计划，是对教学过程的整体安排和实施方案。教学内容是公共体育教学设计的主要因素，要保证公共体育课堂教学的实效性，就要设计好教学内容要素。我国的公共体育教学有统一的教学大纲和课程要求，教学内容有明

确的规定，但由于教学对象的不同、学生的个体差异等因素，在教学中对教学内容的安排和设计也有很大的差别。对教学内容要素的设计要根据不同的教学对象，遵循学生为主体的教学原则，体现学生在教学中的主体地位。在教学过程中，它所起到的是方向性作用，为教师制定教学设计提供依据。但多少年来，公共体育教学很少去设计教学内容这个基本要素，总认为教学就依据规定的教学内容去设计和安排教学，课堂教学环节和教学过程等公共体育元素才是教学设计最为重要的要素。2011年教育部颁发的《义务教育阶段公共体育与健康教育课程标准》中强调了公共体育教学设计要素的重要性，指出公共体育教学设计要素：（1）始终以保持学生的身体和心理健康为教学目标；（2）教学过程应当有利于培养学生锻炼身体的兴趣和正确的身体锻炼方法；（3）课程要以学生为主体，注意培养他们的创造性。

公共体育教学内容设计要素是进行教学的依据，但并不是一成不变的，同一个教学内容应该根据不同的教学对象而有所变化，要体现学生为中心的教学原则，教学对象是教学内容设计要素的出发点，根据教学内容的不同要进行不同的教学设计，对教学过程的安排既要从学生的学习实际出发，还要根据教学内容去设计公共体育教学元素。在进行"蹲踞式跳远"教学设计中，作为教师，我们一定要在教育部颁布的《义务教育阶段公共体育与健康教育课程标准》的指导下，以教学的实际情况确立多层次的教学指导思想；在教学目的上，我们应当以《义务教育阶段公共体育与健康教育课程标准》为参考依据，坚持把学生的身体健康始终放在第一位，将学生的实际身体状况与教学目标相结合，制定出符合实际的教学设计；在学生的发展上，要遵守《义务教育阶段公共体育与健康教育课程标准》的指导思想，在制定教学设计时突出学生的主体地位，增加学生主动练习的环节，充分激发学生的兴趣和积极性，从而培养学生公共体育学习的兴趣和主动获得知识的能力。

结合以上概念解析和案例应用，可以得出以下结论：首先要依据新教育理论，再结合我们公共体育课堂中实践和贯彻终身公共体育的总体要求，从"健康角度"和"学生发展"出发，履行新《义务教育阶段公共体育与健康教育课程标准》要求的公共体育教学观，紧跟时代的节拍，以学生为中心，注重开发学生的主体性和创造性。

教学内容是其他教学设计要素的依据，教学对象的学情是教学设计的前提。教学内容和教学对象是制定公共体育设计的指导思想和出发点。学情分析主要包括对学生的起点状态分析以及潜在状态分析两部分。学生的起点状态分析主要包括三个方面：知识维度（学生已掌握的知识基础）、技能维度（学生现有的学习能力）、素质维度（学生的学习习惯、学习态度和个人的意志品质）。学生的潜在状态分析主要是指学生将来有可能发生的状况以及趋势的分析，是在现有的基础上分析学生能够在知识与技能、过程和方法、情感态度价值观等上达到什么样的水平。

具体到"蹲踞式跳远"教学设计当中，教师可以在多个方面进行充分的学情分析。首先在学生的身体特征方面，七年级的学生在身体上正处于急剧变化的时期，身体的外形以及各个系统器官都处于快速发展中，学生的身体具有极强的可塑性，公共体育运动和锻炼对学生身体的发展具有极大的促进作用。其次在学生的心理特征方面，按照埃里克森的心理发展八阶段论阐述，七年级的学生正处于角色的自我统一时期，在模仿、观察、逻辑分析、可逆运算等方面都有着很大的提高，他们接受知识和模仿技能的能力增强，很适合教授他们一些基本的公共体育运动知识和技能。但七年级的学生正处于青春期，会产生一些心理问题，主要表现为自我意识高涨与反抗心理。

结合以上概念解析和案例应用，可以得出以下结论：学情分析应该作为公共体育教学的前提，细致的学情分析是公共体育教学设计的重要保障。学情分析是动态的过程，既要重视课前备课时的学情分析，也要在课堂中对学生情绪变化做临时性的现场问诊，做出自己的判断，甚至课后对学情的反思也不能"过而了之"，应重视经验的总结和提炼。

（二）以教材分析为基础，把握公共体育教学设计的关键因素

公共体育教学实际的关键性因素是教学目标与教学过程因素。教学目标主导了教学的方向，教学过程决定了教学环节的安排。这些要素的设计在公共体育教学中是关键因素，也是教学设计因素的重点和难点。要设计好关键要素，教师就要理解和把握教材，对教材内容进行分析和处理。教材分析指的是在教师进行教学之前，首先通过个人或者团体对教材进行充分研究，把握教材的理念框架以及系统性，理解每一节课教材中的各个知识点，对教材设计的思路进行整理并加以剖析，再针对公共体育课堂中应当展现的教学内容进行系统性、全方位的设计，教师的课堂教学设计是进行公共体育教学的首要环节，也是教学实践能否取得实效的关键因素。

以《义务教育阶段公共体育与健康教育课程标准》为参考依据，教师可以从以下几个角度去分析"蹲踞式跳远"的相关教材。在整个教学内容的地位上，"蹲踞式跳远"可以说是基础教育阶段公共体育教学的一项基本教学内容，它在锻炼学生的腰部力量、腿部力量、身体平衡性、身体柔韧性等方面都有着巨大的作用。在多种形式的练习的基础上，还能使下肢肌肉富有弹性，培养出学生积极进取的优良品质和获取成功的良好心态。

结合以上概念解析和案例应用，可以得出以下结论：在公共体育教学中，充分而

全面的教材分析是整个公共体育教学设计的关键所在。分析教材时，首先要认真研究教材内容，再结合"教材定性"和"教学形式"，分析教材中的问题线索、教学逻辑、活动指向、目的关联等，教师需要依靠问题线索逐步地探讨，才能让问题在课堂上得以解决。

1. 以分析教材为基础，设计好教学目标要素

教学目标是指教学活动预期要实现的结果，是教育目标和课程目标的具体化，也是教师完成课堂教学任务所要达到的要求及标准。教学目标相比课程目标更具体，是课程目标在具体的课堂教学过程中的体现。在公共体育课堂教学中，教师应当按照课程目标和具体的教学内容来制定详细的教学目标，以便选择教学内容和确定教学目标。

在"蹲踞式跳远"教学设计中，教师根据对教材和学情的分析，可以对七年级学生制定具体的教学目标，主要是让学生学习蹲踞式跳远的技能，掌握蹲踞式跳远的技术特点，使学生对蹲踞式跳远有一个理论上的认识，以正确的动作完成蹲踞式跳远。通过学生练习蹲踞式跳远，能够提高学生的肌肉系统、关节系统的平衡能力以及身体协调能力，增强学生的体质。通过蹲踞式跳远的练习，来树立学生的自尊、自信，培养学生勇敢、坚毅和果断的意志品质。在教学过程中，教师要采用讲解法、示范法、练习法等多种教学方法相结合的途径进行系统的教学。

在教学中，对于同一教材，我们制定什么样的教学目标就决定了使用什么样的教学方法，目标设立的不同或者方法采用的不同，都可能导致课堂效果的不同。

2. 以重点难点为标尺，设计好教学过程

教学重点是根据教学目标，在对教材进行科学分析的基础上而确定的最基本、最核心的教学内容，一般是各个学科所阐述的最重要的原理和规律，是学科思想或学科特色的集中体现。教学难点是指学生通过学习仍然不能轻易掌握的知识和技能。重点和难点是两个概念，两者有时会有交叉，有时又完全不一样。

具体到"蹲踞式跳远"教学设计中，教师可以根据教材以及学生的特点，设计出本堂课的重点和难点。其中教学重点主要就是上板积极，起跳充分，摆臂、蹬腿迅速，腾空高，踞平稳，小腿前伸缓冲，落地稳。教学难点是起跳、助跑、腾空和落地的衔接。把重点难点做如此清晰的确定的主要原因，是由蹲踞式跳远的过程要领决定的，而掌握蹲踞式跳远这一整个过程则是这一堂课的重要教学目标。

结合以上概念解析和案例应用，可以得出以下结论：教学重点难点是教学设计中的重要因素，是学生掌握教学内容的重要标尺。分析重点难点时，首先要从教材基本性质出发，掌握该教材的编写特点，再结合"学生的运动能力"和"技术的难易程度"，

确立公共体育课堂中教材的重点难点。

（三）以教学流程为平台，把握公共体育教学设计因素的应用

教学设计因素是相互区别又相互联系的设计要素，公共体育教学设计要素作为教学要素又是相互联系的有机整体。设计的目的是应用，应用好教学设计要素是教学效果的基本保障。教学流程实际上就是教学过程，教学流程主要包括导入环节、讲授环节、练习环节和总结环节。

具体到"蹲踞式跳远"教学设计中教师可以将教学过程设计成四个环节：导入环节。在课堂开始之前，教师可以让学生观看一些蹲踞式跳远的视频以及图片，让学生对蹲踞式跳远有一个最初的直观认识，激发学生的兴趣。讲授环节。这一环节教师主要是向学生讲授蹲踞式跳远的基本动作要领，通过亲身示范，直观地展示蹲踞式跳远的过程，让学生习得蹲踞式跳远的动作要领。练习环节。为了增加练习环节的趣味性，避免练习的枯燥，教师可以让学生做一些与蹲踞式跳远有关的小游戏，如顶球游戏，教师可以将球置于高处，让学生在慢跑中用头顶球，通过这样来练习学生起跳和摆臂的动作。总结环节。教师在练习过后对学生的练习情况进行总结，指出其优缺点，以此提升练习效果。

结合以上概念解析和案例应用，可以得出以下结论：教学流程关系着教学的实际操作，是教学设计中最为核心的环节。设计教学流程时，首先要准确地理解与把握好教材，再结合教材的"关系比重"和"教学重难点"，相应地进行合理的认定和安排。在教学中，教师对教材本身的理解越深刻，对教学内容的使用就会越趋于合理化。在教学重难点和教学目标等方面加大分析力度，流程的设计就会更具有逻辑性和层次性，明确这一点能让教学流程层次清楚、简明扼要、一目了然，教学效果也将事半功倍。

通过前面几个基本要素的分析与铺垫，最后再制定出实际的公共体育课教案，公共体育课教案应该是指导思想、教材分析、学情分析、目标方法、重点难点和教学流程等最终的表现形式，这些基本要素的分析与归纳统称为公共体育教学设计。公共体育教学设计是公共体育教学重要的组成部分，其重要意义在于教师通过公共体育教学设计的制定，可以提高公共体育课的课堂教学效率，激发学生锻炼身体的热情和信心。

第二节 公共体育教学设计的现状

随着新公共体育课程教学改革的深入，我国公共体育课程改革理念有了很大改变，学生的主体地位意识得到了很好的改观。但我国传统教育思想理念根深蒂固，并且在新中国成立很长一段时间内一直受苏联教育理论的影响，严重制约着我国公共体育课程教学改革的思路。目前，我国公共体育教学中学生主体地位意识薄弱，公共体育课程改革理念得不到很好的贯彻，存在较多的问题。

一、目前公共体育教学中学生主体地位意识存在的问题

（一）传统的教学方式忽略了学生培养目标的多样性

受我国传统教育思想的影响，公共体育教师一直处于公共体育教学的中心位置，教师本身也把自己放在了主体地位，公共体育教师以传授运动技术技能为重要内容，强调学生要在教师的教导下完成教学目标。一般公共体育课的教学步骤是固定的，在教学过程中教师首先采用讲解示范对技术动作进行展示，随后指导学生模仿练习，纠正错误动作，最后通过让学生反复地练习达到掌握技术动作的目的。目前，大多数学校都采用这种教学程序，这种公共体育课程教学思想陈旧，教学目标单一，忽略了培养学生的公共体育学习意识目标，忽略了公共体育教学对学生身心发展的作用，忽略了对学生公共体育学习兴趣培养等目标。教师中心地位思想让教师极少考虑学生的学习感情，仅仅以为学生掌握运动技能就是学好了公共体育的全部的观念是非常片面的。这种单一传授方式在公共体育教学领域统治了许多年，自始至终都是政府、学校、教师自行安排课程内容与形式，然后在各个学校中进行推广，从来没有让学生自主选择学习内容和方式。学生只是一味地被动接受，没有机会表达自己的感受，教师也无从感知学生的体会，从而无法发挥他们的主观能动性，学生的主体地位自然无法得到保证。

（二）公共体育教师忽略学生主体地位

我国在不同时期都有不同的教学计划，教学大纲也处在不断变化当中。公共体育

教师在安排教学计划、设计教学内容以及组织形式时，大部分情况下都是按教师擅长的技能、学校的条件、教学环境等实际情况进行教学设计，很少甚至几乎不考虑学生的实际情况。这是教学设计中的不足，但又是我国学校中实实在在存在的问题。由于每个学生的身体条件、心理素质，以及掌握的公共体育技能等方面存在差异，在公共体育教学过程中学生掌握技术的能力存在相当大的差距，有的学生很容易就完成了技术动作，有的学生需要很长时间可能掌握得也不好，教师如此一味地按照大纲教学，不考虑不同学生的身体心理变化，必然会使学生之间的差距越来越大，对学生的心理影响也越来越严重。如果此时教师和学生之间仍旧缺乏沟通，将会导致学生自信心受到严重的伤害。同学之间也会出现各种矛盾，最终导致学生不再喜欢公共体育课，对公共体育课程产生排斥心理。提高学生体质、增强学生公共体育学习的能力，以及让学生养成终身公共体育等目标最终成为泡影。

（三）公共体育教师与学生地位不平等，难以营造轻松的公共体育学习环境

良好融洽的师生关系是发挥学生主体意识，激发学生主观能动性，促进学生主动学习的关键因素。目前，我国学校教师和学生之间存在严重的不平等关系。在实际的公共体育教学过程中，如果学生出现不符合课堂要求的行为，教师往往选择体罚的形式对待学生。学生无法和教师进行有效的沟通，师生之间的误会得不到及时的解决，学生一直处于弱势地位，身体和心理承受能力一旦被打破，学生的学习态度将会发生根本性的变化。正处于青春期的学生还可能会出现逆反心理，如故意上课迟到、故意违反课堂纪律等现象。这种心理还会影响学生其他课的学习效果，公共体育课是调整学生心理的有效手段，不能成为刽子手，如此恶性循环下去，将对学生的全面发展产生不可估量的负面影响。

二、公共体育教学中学生主体地位意识教学设计

公共体育教学中，教师的主导性和学生的主体性是辩证统一的，两者是对立统一的，不可缺少任何一部分，亦不可过分追求其中之一，否则都会造成公共体育教学秩序的混乱。教师的主导性即指导性，是教师利用自己已有知识和技能在教学过程中指导学生的学习，从而实现教学目标。学生主体性是指学生在公共体育教师的指导下发挥自我主观能动性，向着教学目标积极学习。教师的主导性是为了学生更好地发挥主

动性，学生的主动性也促使教师主导性的发挥。学生的主动性不强，客观地反映了教师的主导性存在问题，没有充分地发挥学生的主观意识。学生积极主动学习反馈了公共体育教师主导性作用的良好发挥。教师的主导性越强促使着学生主体意识的增强，也说明了教师对学生的了解和学生对课程的兴趣。所以，公共体育教学过程中，教师主导性和学生主体性是相辅相成、相互促进的关系，是不可分离的，是同一事物的两个方面。科学且符合客观现实的教学设计也显得更加重要，以下提供的公共体育教学设计将有助于公共体育教学中学生主体地位意识的建立。

（一）关注学生自身发展，确定以学生为本的教学理念

新时期公共体育课程改革目标改变了以往过于重视公共体育知识传授的问题，增加了强调学生主动性的学习态度，使学生在掌握基本技术知识的基础上，激发学生的公共体育学习兴趣，全面发展学生的个性，在公共体育学习过程中形成正确的价值观和世界观。公共体育教师在教学过程中一定要改变以往的教学理念，平等教师与学生的地位，不再以教师为中心，同时改变教学内容与组织形式，使内容多样化、组织形式开放化，从而最大限度地激发学生公共体育学习的兴趣。变以教材为中心为以学生为中心，尊重和承认学生间的个体差异，区别对待，因材施教，从而使学生体会到公共体育学习的成就感和幸福感，在公共体育课程学习上树立自信心。与此同时，要注意学生社会适应能力的培养，促进学生良好行为习惯的养成。公共体育课程的学习不仅有助于提高学生的身体素质，更能在培养学生良好意志力、社会适应、优秀品格方面表现出强大的作用；关注学生自身发展，以学生为本的教学理念可以保证学生主动积极地参与公共体育活动，促进学生的全面发展。

（二）建立师生和谐的公共体育教学环境和良好的教学气氛

愉快、轻松、平等的教学环境可以有效提升学生公共体育学习的效果，教师在公共体育教学过程中应该积极主动地营造和谐、活泼、轻松、民主的教学气氛，从而提高学生学习的主动性和积极性，让学生在愉快活泼的环境中参与公共体育活动，让学生更深入地体会参与公共体育的娱乐性、重要性，更好地让学生建立对公共体育的兴趣，发展主动探索公共体育的求知欲，以及在实际生活中运用公共体育和创新性地发展公共体育技术技能的能力。师生间的良好沟通和交往是建造良好教学环境的基础，新时期的教学改革要求教师转变角色，变以教师为中心为以学生为主体、教师为主导的观念，树立教学为学生服务的理念，做一个促使学生积极参与公共体育课程学习，

大胆创新的引导者，在学生、教师之间建立平等的关系，从而高效地实现公共体育教学目标，实现学生个性的全面发展。

（三）科学建立全面合理的公共体育课程评价体系

所谓公共体育教学评价就是根据公共体育教学大纲、学科目标，运用课程评价方法和手段对公共体育教学活动和效果进行整体价值判断的过程，同时根据结果反馈对公共体育教学各个部分进行及时的修正，从而总结和获取成功的教学经验，更好地促进公共体育教学实施。公共体育课程评价体系包括公共体育课程内容和环境的评价、公共体育课程组织形式评价、教师和学生的学习评价等内容。教学评价的意义在于通过对教师教学能力、态度和效果以及学生学习能力、态度和效果的评价，让师生及时地发现教学和学习过程中存在的不足，并及时地纠正，从而高效地完成教学目标。

公共体育课程教学评价方法手段及内容要做到全面科学，公共体育课程评价要做到从终结性评价向过程性评价转变；在评价主体上将忽视学生评价向教师、学生等多方面共同参与评价转变；评价方法上将传统单一评价向多样化评价方向发展，真正发挥公共体育课程教学评价的诊断、反馈、定向、证明和教学等功能，促进学生主体性地位的发挥，让学生积极主动参与到公共体育课程学习当中，真正实现学生在公共体育课程教学中主体地位的目标。

（四）注重学生公共体育课程学习的情感体验

学生公共体育课程学习过程中，学生公共体育学习的情感体验和自身机体能力的变化有着非常密切的联系，两者是相辅相成、缺一不可的统一整体。学生良好的情感体验来自机体实际的公共体育活动参与，生动、活泼的公共体育课程学习的内容和形式能够充分调动学生积极主动参与，激发学生公共体育学习的兴趣。学生良好的身体体验能够带来精神情感上的满足，机体活动越激烈，情感体验越明显，从而激发情感方面的体验，激发学生对公共体育知识技术的探索欲望，为学生养成终身公共体育习惯及良好运动习惯打好基础。教师的情感直接影响着学生的情感体验，教学不仅要做到公共体育课程内容形式的多种多样，还应与学生进行积极的情感交流，时刻注意学生的情感变化，及时化解不好的情绪，使教师和学生的情感在公共体育课程学习过程中产生强大的凝聚力，以高效、高质量地完成公共体育教学目标。

新课改一直在强调学生主体地位，其实学生主体地位的前提是在教师的指导作用下，两者关系达到平衡以发挥教与学两方面的积极性，获得极佳的教学效果。公共体育课程教学中学生主体地位的核心是培养学生学会公共体育锻炼，提高运动能力，增强体质。教师应做到，在公共体育教学过程中要考察学生的认知现状、身心特征、教学环境，从而科学合理地安排教学内容，组织教学形式，为学生创建一个积极主动、轻松活泼的公共体育学习环境，发挥学生主观能动性以及探索精神，促使学生主体地位得到全面发展。另外，教师可以适当地让学生自主选择教师、自主选择项目内容以及自主选择学习时间、地点，只有在公共体育学习中为学生提供更多的选择，才能充分培养学生的主体意识，才能激发学生的创造性，同时学生的个性才能得到全面的发展。学生主体地位必须要在教师正确的指导下才能很好地建立，学生主体地位不是说说就能得到实现，是需要政府、社会、学校、教师等因素共同的努力才能实现的。为了培养更多的公共体育人才，为了中国未来的公共体育事业，教师应摒弃旧思想接受新思想，认真贯彻课程改革目标，真正做到"以学生为中心"，为国家培养更多身心健康、心理成熟、技术全面、社会适应能力强的全面发展的公共体育人才。

第三节　公共体育教学设计的改革

一、青少年公共体育运动技能教学情境设计

公共体育教学的发展一直以来都不重视对运动技能的培养，全民公共体育也只是为增强人的体质而提出的，一说到运动技能，大家都会说那是专业运动员的事，但事实上运动技能的学习对每个人都很重要。随着全民公共体育的发展，学校公共体育、青少年体质健康问题引起社会的广泛关注。2015年，国家公共体育总局发布的《中国青少年公共体育发展报告》中关于青少年体质数据的统计首次把青少年体质问题推向高潮。2016年是十三五规划开局之年，本年度《中国青少年公共体育发展报告》以青少年公共体育规划与布局为主题，围绕已经颁布或即将颁布的青少年公共体育政策法规和发展规划，提出个人全面发展和终身公共体育发展的要求。所以，在公共体育教学中应加强对运动技能的学习，只有科学地掌握运动的技能才能从根本上提高学生的身体素质，不仅如此，运动技能的学习还可以提高学生对运动的兴趣爱好，激发学生对运动的热情。

（一）对青少年公共体育运动技能学习的认识

随着我国经济文化的不断发展，人类的生活方式发生了重大变化，人们对自身的追求转向自身的健康，对健康有了更高的要求，同时对青少年的健康要求也越来越高，发挥家庭、学校、社区三位一体的联动机制，能够丰富家庭社区的公共体育文化，能够构成社区和学校公共体育资源共享。所以，若想使青少年达到公共体育锻炼的目的，必须培养青少年终身公共体育的意识。伴随着各个相关政策的提出，全国各大院校在公共体育教学方面的改革成果也相继而出，但其主要针对的是现行的公共体育教学模式存在的教学弊端，不能真正地把终身公共体育意识灌输给每个学生。

针对开放式运动技能研究的新进展，运动技能的教学分为开放式和闭锁式，开放式运动技能灵活性强，主体与情境的交互作用占主导位置；闭锁式运动技能则是预先的技术动作，灵活性差，教学方式单一，相对来说开放式教学更有难度，并且更科学合理。开放式运动技能研究意义重大，在学校公共体育方面，关系到学生运动兴趣和运动技能提高的教学目标。

运动技能教学情境设计的必要性。实践证明，生动有趣的教学情境可以有效地激发学生的学习兴趣，促进师生互动，从而激发学生主动、积极的学习态度，让学生更好地掌握学习技能。那么，在短网运动技能教学过程中，如何设计出符合学生身心发展的情况，成为当前从事公共体育教师及教育工作者的一大难题。所以，下面通过对公共体育这一运动项目特点的把握，根据开放式运动技能原理，合理有效地创设出适宜的运动技能教学情境，旨在为广大公共体育教师指导短网教学提供方向，并为公共体育在我国的发展和普及提供实践经验和理论基础。

（二）影响青少年公共体育运动技能学习各阶段的因素

第一，运动技能学习前期。运动技能教学的思维认知和内隐性知识的转化对学生来说难度较大，尤其是内隐性知识转化为外显性知识，需要一个教学手段的强化过程。通过创设教学环境，使其知识学习外显特征显现出来，包括学生对整体教学情境的认知以及基本技术的内化。所以，在这个阶段主要的学习影响因素包括教师的动作示范能力，将本体感知的内隐性知识化为外化的教学内容组织能力、语言表达能力、学生对知识的理解、加工记忆的认知策略、技术动作模仿水平以及相关类似运动经验导致的学习迁移。

第二，运动技能学习中期。技能学习中的联结得到进一步强化，从学习过程讲，主体学习出于本体决策和本体应答行为学习阶段，需要进行瞬时合理的技术选择，以及做出合理的动作技术。其中本体决策知识教学仍然属于将内隐性知识外化的过程，需要学生掌握不同情境下的教学内容和战术知识，而本体应答行为学习内容是结合情境下的基本技术学习。所以在这个阶段的主要影响因素有基本技术的熟练程度、结合情境下的不同战术要求的决策教学内容安排以及学生身体运动能力等。

第三，运动技能学习后期。学习过程主要是对本体感知、环境外显特征、本体决策和本体应答行为学习效果的综合体现。这个阶段的主要影响因素是学生的技术熟练程度、战术掌握水平、身体素质、视觉和听觉的感知能力。

（三）青少年公共体育运动技能教学情境设计的路径

通过简化公共体育运动项目规则，以公共体育游戏和比赛为中心，培养学生在各种公共体育运动比赛中分析问题和解决问题的能力。领会教学法经多年的实践和不断的改进已日趋完善。现根据公共体育领会教学法的教学模式结合开放式运动技能学习原理，将公共体育运动技能情境化教学设计流程分成六大部分：项目导入、比赛导入、战术意识的培养、预判能力的培养、运动技能执行、动作表现。

1. 公共体育项目导入

公共体育教学中运动项目的导入既是开始，也是关键。一个运动项目导入的方式方法不同，将会直接影响学生学习的效果和教学质量。因而，在这一初始环节，教师要首先把握教学环境空间和单位时间，空间上表现在学生学习的环境、对公共体育的认识程度、对该运动的兴趣性，以及年龄、性别、身体素质等主观因素。时间上表现在教学中如何安排进行对该项目的初步认识，如何使其获取直接感知经验，且在相同的空间范围内实现各个方面因素的协调。例如，通过短网运动技能教学情境的导入，将项目的特点和概念也穿插其中，让公共体育运动的情境和问题能够直观地加以呈现，创造轻松有趣的学习环境，并引导学生积极、主动地思考自己与情境之间的关系，让学生来预判自己可能在比赛状态中的角色，并主动地探索与分析自己可能遇到的问题，为下一环节做准备。

2. 公共体育运动比赛导入

在比赛讲述中也应该反复强化该项目的基本技术要领，导入比赛应该坚持循序渐进的原则，通过详细讲解和解答学生的疑问，让学生在获取亲身运动体验的同时进一步巩固该项目的基本技巧和要求；同时结合比赛的规则适当加强学生战术意识的培养，提高学生的灵敏素质，遵循比赛规则，有条不紊地巩固运动技能的学习。在这一环节，公共体育教师为了有效地激发学生的学习兴趣，让学生尽可能积极主动地参与到教学活动中来，可以采用主动设疑或者是设问式集体互动以及合作探讨的方式来进行，为下一环节做好准备。

3. 战术意识的培养

依据开放式运动技能学习过程原理，学生的公共体育战术意识的培养应贯穿整个教学的始终，只有这样才能激发学生学习的斗志和情感，使学生能够在体验公共体育运动的同时获取比赛的归属感和认同感。在公共体育运动技能教学中，战术意识培养是教学实践应用的第三环节。在这一环节，任课教师可以在公共体育游戏或者是公共体育比赛进行了一小段时间之后稍加强调，通过学生感官意识主动寻求战术战略以争取赛场主动，如有疑问，可以展开小组讨论和交流，通过发表各自的意见来一起思考和解决各种疑问，从而在帮助学生了解和体会基本的公共体育战术的同时，实现对学生公共体育战术意识的引入和塑造。

4. 预判能力的培养

公共体育运动中青少年学生的预判能力是争取赛场主动的关键环节，也是学生灵敏素质的一种表现。通过学生对公共体育运动基本战术的基本认识和体验之后，公共体育教师就可以组织学生进入预判能力的培养环节。预判能力培养环节的导入也是基于前面几个环节，在此基础上实现公共体育游戏与公共体育比赛共融互通，即以游戏丰富比赛，以比赛促进锻炼，以实战感染情绪，以情感认知获取预判意识，以预判能力应对复杂的赛场环境。那么，在这一环节有两个关键问题：一是"做之前的判断"，在瞬息多变的公共体育运动比赛或游戏中，学生要能够筛选各种复杂信息，通过运动经验的丰富和习惯赛场环境气氛，形成直接的感官意识和行为习惯，对赛场信息进行有效合理的预判，使学生短网运动更为协调持久；二是"判断之后的行动"，要选择如何才能实现最佳效果的动作技能，也就是需要决定如何来做的行为过程。

5. 公共体育运动技能的执行

运动技能执行这一环节考查学生的赛场执行应对能力，也是预判能力的继续。行为执行力是在原有感知经验的基础上，配合战术意识运用公共体育运动技能技巧，也是配合公共体育运动比赛中的战略战术实现的目标前提。例如，学生运动技能行为执行不当，战术配合就失去了原有的效果，之后再通过反复练习总结经验，再练习再总结，在游戏中纠正，在比赛中锻炼。使学生的运动技能执行能力趋于成熟，为下一环节的导入奠定基础。在运动技能执行阶段掌握动作技巧，是提高学习效果的重要途径。

6. 公共体育运动动作的表现

动作表现是教学情境引入的最后环节，通过动作表现能够反映学生运动技能的学习程度，这也是在完成运动技能执行阶段之后设置这一环节的原因。学生应借助反复的练习和比赛来实现所学习的公共体育动作技能和战术观念的实践运用，并以此来提升自己在公共体育运动中的良好表现。公共体育教师在动作表现阶段主要扮演的是纠正者或反馈者的角色，在整个教学过程中教师应始终引导学生正确地运用技巧、方式、方法等，通过语言和肢体感官信号刺激，使学生能够快速领悟运动的奥妙之处，进一步加深学生对短网运动项目的认知和情感，这将会直接反馈到学生自身的动作表现中。

二、公共体育教学改革的媒体设计

视听教学媒体是科技产物，运用教学媒体能够改进教学效果，其已经成为教师必备的教学技术，影响教学效果的因素很多，运用视听教学媒体是提升教学效果的因素之一。基于此，对公共体育教学改革的媒体设计进行初步的研究，对于公共体育教育教学改革具有重要的意义。研究认为，在以目标为导向的公共体育教学与学习历程中，公共体育教师的教学行为功能一般包括组织有效的学习环境；编排合理、渐进发展的学习内容。21世纪的公共体育教师，必须具备视听媒体的运用与制作能力，以适应公共体育教育教学的创新发展。

（一）公共体育教学媒体系统化设计

在以目标为导向的公共体育教学与学习历程中，公共体育教师的教学行为功能包括组织有效的学习环境，编排合理、渐进发展的学习内容，适时适地为学习者提供动作技能的反馈信息。笔者尝试以公共体育教学媒体作为公共体育教学的系统化设计，其项目诠释如下：

（1）分析条件

不仅要分析任教学校的环境条件，如场地、设备、器材、经费、师资、校风、社区背景等；也要了解学生本身的条件，如兴趣、能力、性别、年级、文化背景等。

（2）制定学习目标

在了解学生的需求之后，就要设定学生的学习目标，没有目标的教学活动是盲目的，所以应该制定符合学生需求、不违背教育目标和国家政策，同时应该让学生能够达到的教学目标。公共体育教学是一连串复杂的交互作用，所以教学目标的拟定应以单元教学的概念为基础，做出整体的教学规划。

（3）选择或制作教学媒体

针对一节课或单元教学的内容，搜集相关的媒体，设计新的媒体或翻制已有的媒体，当然也要注意版权的问题，必要时要征求原作者或出版者的同意。

（4）媒体规划

媒体选定或制作完成之后，如何利用媒体，媒体的使用需要多久的时间，教室场所的准备和必要设备或仪器的操作以及课堂上的讨论和分组活动、学习团体等必须预先做出计划安排。

（5）运用媒体

视听媒体运用到教学活动上，固然有其功能、意义及时代特征，但也有其限制，所以视听媒体不能是教学的全部，而媒体应该是从属教学、增强教学效果的地位，所以教师不能丢掉自己应有的角色和职责，应该结合媒体的使用，加以解说、运用、引导、提示等，以便取得良好的教学效果。

（6）学生的反应

学生期待学习什么以及如何表现出较为具体的目标，能够立即给予教学反馈，以达到教学互动的作用。

（7）评测

评测教学的有效性是非常必要的，必须对整个教学过程及进度做一个评量，以合理评估教学效果。

（8）分享

各级图书馆或视听教育馆、资料中心、文化中心等文化教育机构，有时会印制一些政府出版品及印有该馆或该中心所储备的视听媒体目录，当然也包括公共体育教学媒体目录，这些资料有的必须亲自索取，有的可以通信索要。有些图书公司为了宣传也会印制样品或目录，可以联系取得，以供教学使用。

（9）运用社会资源

上述文化教育机构，大多设有视听中心或视听室，可以申请使用。一般情况下，这些大多不能外借，只能现场观看，也可以自行拷贝，不过这可能涉及版权及图书馆的管理问题，不容易实施，博物馆、文化教育中心等文化教育机构有时会举办一些和教学有关的展览或表演活动。

（二）公共体育教学改革的媒体设计原则

1. 建立关系，创造机会

网络社群对于运动员来说可建立关系，累积人脉资源。当个人名气上升的同时，更要谨言慎行，爱惜自己的羽毛，尤其在媒体发达的今日世界，匿名攻击或公开谩骂指责事件时有所闻，一不小心，也可能成为八卦新闻的主角或无辜受害者，所以在建立关系的同时要建立过滤机制。

2. 与支持你的人进行互动，不再有距离感

对于支持你的人来说，你是一个在公共体育场上的巨星，可能平常不会有任何的交流机会。现在你可以与他们在网络社群中互动，这对他们来说是一件很酷的事。这些可以充分表现出你的亲和性与诚恳态度，所以对自己的言行举止要负起责任，以便提升个人的良好形象。

3. 增加知名度

当支持你的人达到一定的数量，就可以充分表现出你的知名度，同时赞助商也可以看出你的潜在商机。不过，在成名的同时要随时保持谦虚的态度，用一种可持续经营的态度来经营个人的职业生涯发展。

4. 社群成瘾

长期使用网络社群会造成社群成瘾，对运动员来说并不是件好事。因为你还有应该需要努力的战场，规划时间管理能有效减少社群成瘾的发生。一定要注意培养自身在课堂上的专注力，以免成为网络成瘾症的低头族。

5. 不当发言

不恰当地发布动态，容易造成无法挽回的后果。谨慎地检查每一个你想要发布的动态信息。一个无心的信息，可能会影响运动员的个人形象，甚至导致参赛资格的丧失。

运用教学媒体的关键在于教师是否认真负责，尤其在公共体育教学方面，许多技能都是很精细、复杂的，有些是抽象的，因而提出公共体育视听媒体教育具有重要意义。传统的教育教学观念认为教学教具是一种辅助教学的工具，这种辅助工具的含义是消极的、保守的，仅是辅助教学，范围过于狭窄。教育工程学的兴起，将教育的领域提升到一个新的境界，它以心理学及教育学为基础，广泛地运用科学的方法、技术及产品，进而研究解决教育问题。媒体教育理论认为，任何形式的资料、资源和设备，应用在教学上都可以称为教学媒体。因此21世纪的公共体育教师，必须具备视听媒体的运用与制作能力，以适应公共体育教育教学的创新发展。

三、休闲教育理论视角下的高校公共体育教学设计

公共体育教学设计是为公共体育教学活动制定蓝图的过程，它规定了教学的方向和大致进程，是师生教学活动的依据。教育部 2015 年年底发布的数据显示，中小学生身体素质在多年下降之后转好，而大学生身体素质下降的现象却没有得到改善。我国高校面临着大学生竞技水平的提升与身体素质的下降形成的巨大反差。高校公共体育教学在"普遍有闲的社会"背景下该何去何从呢？随着全民健身上升为国家战略，我国高校公共体育迎来了最好的发展时代，教育和公共体育正向"同谱一首曲、同唱一台戏"转变，"体教结合"正朝"体教融合"迈进，提升运动能力、增强学生体质、培养完善人格成为高校公共体育三位一体的目标。当前，我国所进行的这场伟大的、深刻的、史无前例的社会转型和教育改革呼唤人性美的回归，关注人文精神的培养，注重人格的完善与发展，让高校公共体育教学真正"为终身公共体育而教，为自身全面发展而学"。

（一）休闲教育在公共体育教学中的语义呈现

"休闲"源于希腊语"Shole"，英文为"leisure"，意为休闲和教育，在娱乐中伴随文化水平的提高。曼蒂和 L. 奥德姆（JeanMundy&LindaOdum，1979）对休闲教育的论述被认为是当前对休闲教育最完整的认识。他认为休闲教育是一场使人能够通过休闲来改善自己生活质量的全面运动；一种使人能够在休闲中提高自己生活质量的方法；一种贯穿于从幼儿园以前到退休以后的终生教育；一种通过扩大人们的选择范围，使他们获得令人满意的、高质量的休闲体验的活动；一场需要多种管理机制和服务体系共同发挥作用承担责任的运动。它体现在人类生活的方方面面，对休闲教育的研究通常与其他学科相联系。心理学层面上美国心理学家奇克森特米哈伊认为，休闲教育是一种不需要外在标准界定的具体活动，是有益于人健康发展的内心体验，它重视人的自由、满足、愉悦、幸福等内心的感觉而不是外在的活动形式。哲学层面上我国学者马惠娣认为，休闲教育是人的一种生命状态，是一个"成为人"的过程，是人完成个人与社会发展任务的主要存在空间，它不单是关注寻找快乐，更重视休闲与人的本质之间的联系，即寻找生命的意义。社会学层面上美国休闲学者奇克与伯奇认为，休闲教育是人与人之间关系的发展和增进的社会空间，它强调人与人之间的联系并同时发展人的个性的生活方式和生活态度。

随着人们对休闲与教育、公共体育之间关系的深入研究，对知识、教育、课程本质和功能认识的发展，公共体育课程正从经验型、科学型向文化型或生活型转变。在休闲推动教育改革的同时，我国学校公共体育教育面临着休闲时代到来的巨大挑战。鉴于休闲时代公共体育功能的转变，一些时尚、轻松且具有休闲价值的公共体育项目进入高校公共体育课程成为教学内容的"新宠儿"。我国学者普遍认为，休闲公共体育教育将取代知识身体教育，休闲教育思想以重视人的自我表现、关注人"成为人"的过程、引导追求真善美的生活等特点逐渐融入高校公共体育，成为推动 21 世纪学校公共体育改革和发展的重要内驱力。

休闲教育不是把休闲内容当作事例在课堂上讲解，不是以娱乐或娱乐职业的价值为核心，不是向所有人鼓吹同一种休闲生活方式，也不是一门或一系列课程。著名的休闲教育家布赖特比尔认为，休闲教育是一个缓慢的、循序渐进的过程，需要传授一定的技巧并要练习这些技巧。休闲教育很难以独立课程的形式存在于学校的公共体育课程中，但是并不影响休闲教育渗透公共体育课程教学，使公共体育教育过程更具休闲色彩。把休闲引入公共体育教学中，并非否认公共体育教学目标的重要作用，而是把休闲作为公共体育教学模式设计的一种新的思路，体现出休闲的理论参照价值。休闲教育与公共体育教育融合的主要做法是：①休闲理念在公共体育教学中的渗透；②在公共体育教学中插入休闲活动；③把休闲活动当作一种公共体育教育资源；④教师适时对学生的休闲活动做出积极评价；⑤通过公共体育平台帮助学生了解获得各种休闲活动的知识、技能的途径。鉴于高校公共体育教学内容发展演进过程中所表现出的时代性特征，结合当前高校公共体育增进青少年健康的历史使命和如何实现"休闲"和休闲生活方式养成中所面临的困境，下面从休闲教育的视角对公共体育教学设计系统进行探讨，希望能够得到新的启示。

（二）休闲教育与大学生公共体育教育结合的依据

1. 休闲教育与大学生公共体育教育结合的理论依据

2007 年 4 月国务院颁布的《关于全面启动全国亿万学生阳光公共体育运动的通知》指出，要"精心策划，认真研究制订方案，吸引广大青少年学生走向操场、走进大自然、走到阳光下，积极参加公共体育锻炼"。2007 年 5 月《中共中央国务院关于加强青少年公共体育增强青少年体质的意见》指出，要认真落实健康第一的指导思想，把增强学生体质作为学校教育的基本目标之一，要"根据学生的年龄、性别和体质状况，积极探索适应青少年特点的公共体育教学与活动形式"。这两个文件再一次阐明了学校公共体育要坚持"健康第一"的重要思想。不同的是，"阳光公共体育运动"代表了今后增强青少年体质的一种具体的组织形式，中央7号文件则提出了要探索科学、合理的公共体育教学与活动形式。2016年5月6日国务院办公厅印发的《关于强化学校公共体育促进学生身心健康全面发展的意见》（国办发〔2016〕27号）指出，学校公共体育要遵循教育和公共体育规律，以兴趣为引导，注重因材施教和积极参与，定期开展阳光公共体育系列活动和"走下网络、走出宿舍、走向操场"主题群众性课外公共体育锻炼，为学生养成终身公共体育锻炼习惯奠定基础。从2007年的中央7号文件到2016年的27号文件，9年来中央和国家对学校公共体育和学生体质状况可谓高度关注。这些文件的出台为高校公共体育教育指明了方向：今后的高校公共体育教材内容建设应当是在保持共性特征的同时发展个性；在保留传统项目的同时发展不乏时代气息的现代休闲项目；在发展体能、技术的同时发展个性和健全人格；在发展学生体质的同时渗透休闲教育。用休闲教育功能破解高校公共体育教育中出现的发展性问题有着独特的社会价值。

2. 休闲教育与大学生公共体育教育结合的现实依据

高校公共体育课程改革，遵循时代发展要求，在《全国普通高等学校公共体育课程教学指导纲要》（2002）的指导下，课程目标、结构、内容、教学方法、资源开发等方面发生了巨大的变化。特别是灵活的选课方式及时尚运动项目的引入等措施为高校的公共体育课堂增添了许多活力，得到了广大师生的认可。十二年应试教育后的大学生如何养成参与公共体育休闲的习惯、大学生闲暇时间的增加与体质健康休闲能力低下之间的矛盾如何得到解决、大学生体质健康下滑趋势如何得到有效控制等学生体质健康状况与社会需求逐渐脱节的现实出现了一些新的矛盾和问题。在公共体育教育改革实施素质教育、复归教育本性的推动下，休闲课程作为教育课程或公共体育课程走入高校，实现休闲教育和公共体育教育的再次融合，推动了休闲公共体育教育的诞生。休闲教育理论为大学生公共体育教育提供了一个崭新的切入点，通过这个切入点可以反映当前大学生公共体育教育存在的不足，并寻找探索解决这些不足的新路径，如关于高校公共体育教育目标体系如何体现休闲公共体育教育时代性，如何进行"休闲运动项目"的教材化改造，并使之与竞技运动项目、民族传统公共体育项目相得益彰等问题。这些问题的解决，将依赖于教学目标、教学内容、教学模式等的创新设计。

（三）休闲教育视角下的公共体育教学设计

1. 休闲教育视角下高校公共体育教学指导思想的设计

遵循《全国普通高等学校公共体育课程教学指导纲要》要求，以休闲教育为核心，确保高校公共体育教学指导思想多元化的常态实施。公共体育教学指导思想是指在公共体育教学的实践活动中，直接或间接形成的对学校公共体育教学的认识或观点，并对教学活动起指导作用。我国学校公共体育百年来的发展史，其实就是公共体育课程目标的多元化带来的教学指导思想多元化的演化史，即从"军国民公共体育思想"到"快乐公共体育思想"的演化，从"教化自然身体"到"知识身体教育"的推进。对我国经历的"体质教育""三基教育""全面教育""竞技公共体育""快乐公共体育""终身公共体育"等多种教育思想，不同学者见仁见智，对其众说纷纭。多种教学指导思想的存在和实施会激发公共体育教学，促进公共体育教学模式的多样化发展，有利于对公共体育学科特质的认识和对公共体育育人功能的开发。

高校公共体育工作者逐渐认识到休闲时代公共体育功能的转变，在"健康第一"思想的指导下，针对我国大学生闲暇时间的增加与科学健康休闲能力低下之间的矛盾，根据《全国普通高等学校公共体育课程教学指导纲要》提出高校公共体育课程的五方面基本目标，尊重兴趣、健康、适应、体质、素质等众多公共体育教学思想，把休闲教育、生命教育、生存训练融入公共体育教学，确立了参与休闲运动、养成休闲习惯、掌握休闲技能、注重体验过程和增进健康素养等新的高校公共体育教学目标取向。高校公共体育教学目标向多元化、多层次、多方位方向发展，使得公共体育的休闲化、娱乐化趋势日益明显，组织化程度日益加强。休闲教育视角下高校公共体育教学将以休闲教育为核心，以尊重学生的生命、人格、个性、差异和自由为原则，通过休闲价值观的阐释和现代休闲方式的规范，达到培养学生休闲兴趣、健全学生体质以及提升学生终身健身意识、习惯、能力等目的。

2. 休闲教育视角下高校公共体育教学模式的设计

积极探索，促进休闲与公共体育交融、兴趣和健康提升的公共体育教学模式不断创新。公共体育模式的创新是公共体育教学永葆生机活力的重要保证。当前我国高校公共体育教学模式百花齐放，有代表性的有"三自主""三互动""三自治""三开放"模式，以及选项课＋教学俱乐部＋选修课公共体育教学模式等。各模式采取的组织形式也不尽相同，主要有分层次教学、快乐公共体育教学、情景教学、公共体育俱乐部教学、课内外一体化教学等，我国高校的公共体育教学处于多种教学模式和多种组织形式并存的局面。不同的教学目标产生不同的教学模式，某一模式是为某一目标服务的。评价某一模式的优劣，以最后是否达到教学目标为依据。所以，休闲教育视角下高校公共体育教学模式必须根据教学目标取向的多元化而建立，必须在发扬传统教学模式优点的基础上，通过教学内容创新和重视学生学习过程体验，有效推进传统教学模式和组织形式的不断创新。这主要体现在两个方面：

形式上，不断改进教学方法和组织模式，尽可能多地应用现代教育技术，"突破"熟悉、初步掌握、泛化、熟练掌握"四阶段"，讲解示范、练习、纠错、再练习"四过程"等。传统的公共体育教学过程，不以通过比赛追求成绩，不以崇拜力量为目的，突出教学过程的休闲性和学生的乐趣体验。内容上，根据新兴时尚运动休闲项目的受欢迎程度，实施以休闲教育为重点的内容"重构"来满足大学生的不同休闲需求，实现娱乐性、健身性、开放性与文化性的整体融合。从发展趋势来看，俱乐部型公共体育教学模式将成为今后我国高校公共体育教学的主要模式。各高校可以借鉴发达国家的经验，积极实施以休闲为中心的俱乐部型休闲运动教学模式，主要做法是：根据高校人才培养目标，结合大学生对休闲公共体育的需求，培养和建立终身休闲公共体育意识，掌握 1～2 项长期从事锻炼身体的技能和方法，充分发挥个人的公共体育才能、兴趣与爱好，为终身健康奠定基础。

3. 休闲教育视角下高校公共体育教学过程的设计

在公共体育教学中插入休闲活动，突出教学过程的乐趣体验，重视以休闲教育为核心的养成教育。我国高校公共体育教学面对多种教学模式，其组织形式和教学方法存在的问题主要表现在以下几个方面：一是缺乏针对性，众多公共体育教学思想一起涌入高校公共体育课堂，教学主题分散、任务繁重，公共体育教师面对一节具体的公共体育课时，感到的是一种茫然无助；二是缺少内涵，公共体育教师的休闲技能参差不齐，为了完成教学任务，拼凑花样繁多、内涵欠缺；三是形式简单，因担心出教学事故，过分强调学生主体地位，突出新颖自由，普遍存在淡化运动技术，内容与手段过于简化，学生课堂练习的密度与强度很难达到所需水平；四是形式匮乏，以教师为中心、技能教学为主依然很重，学习氛围过于严肃，教学效果不理想。

毛振明在《公共体育教学论》中指出，公共体育教学的过程是体验运动乐趣的过程，这种乐趣是公共体育运动生命力的体现，也是公共体育教学的学习目标和内容。学者刘海春认为，教会学生如何掌握运动技术技能固然重要，但经过应试教育的大学生学习、生活幸福与否，决定因素是他自己的休闲价值观，它支配着大学生对休闲生活方式的选择，决定着大学生业余活动的内容、频率与持续的时间。所以休闲教育视角下高校公共体育教学过程应是：在中小学公共体育教学的基础上，用合理的组织形式和科学的教学方法，向大学生提供规范化的休闲方式，帮助大学生养成健康的休闲习惯，使其成为"社会人"。教学过程既不以通过比赛追求成绩，也不以崇拜力量为目的，在接受"团队精神""遵守游戏规则"和"公平竞赛"等人生教育的同时，教师的主导作用淡化，学生的主体地位不断增强，传统的"讲解—示范—练习—纠错—再练习"的教学范式逐渐被"分组练习与比赛"等具有自主学习特征的教学组织形式和"目标引导"等具有合作学习特征的教学方法取代，师生交流与"双边互动"成为公共体育教学的新时尚，公共体育教育诸多环节进步明显。

4. 休闲教育视角下高校公共体育教学内容的设计

革新优良传统项目、延续校本和特色项目、吸纳新兴时尚项目，挖掘各项目的休闲功能，提升公共体育教育的文化品位。高校公共体育教学内容要为教育目标服务，如果公共体育教学通过丰富多彩的内容和游戏、课堂竞赛、素质拓展等教学方法，让学生在公共体育教学中享受身体活动乐趣，将有助于学生整体素质的提高。相关的研究表明，我国高校公共体育教学内容存在诸多问题：一是与中、小学教学内容交叉重复、形式雷同；二是校本课程开发力度不够，照抄照搬，缺乏特色；三是休闲公共体育项目为迎合学生，盲目求新、求异；四是受场地设施条件和教师休闲技能的制约，新兴时尚项目难以开展，已开展的效果不佳。休闲教育视角下高校公共体育教学内容的设计，要围绕"健身"和"休闲"两大教育目标开展，必须以是否适应终身锻炼要求，是否与社会接轨，是否与未来职业相适应为原则，以培养现代休闲公共体育生活方式为重点的内容"重构"。

一是对本校优良传统项目进行革新，譬如将"三大球"等传统内容"改装"成三人制篮球、五人制足球、趣味排球等；二要延续校本和特色项目，譬如羽毛球、乒乓球由于运动量适中，方式优雅、灵巧，受到学生钟爱，应大力推崇，舞龙舞狮、腰鼓、轮滑、龙舟、武术等具有地区特色的项目应发扬光大；三是吸纳新兴时尚项目，一些时尚、新颖、刺激的休闲项目，如街舞、定向越野、野外生存、台球、桥牌、攀岩、保龄球、极限运动、轮滑等，要有选择地走进公共体育课堂并逐渐固化为教学内容，以最大限度地满足学生多元化的公共体育需求。挖掘运动项目的休闲功能和休闲运动项目的引入没有也不可能动摇竞技运动项目在教材体系中的主体地位，"竞技运动的休闲化"和"休闲运动技术的规范化"将二者紧密结合，建立以人为本、淡化竞技、注重健身、添加时尚、增强意识、发展个性、养成锻炼习惯为中心的新的课程体系，进一步提升公共体育教育的文化品位和精神内涵。

5. 休闲教育视角下高校公共体育教学评价的设计

适时对公共体育教学中师生的休闲活动做出积极评价，建立一个评价主体多元化、评价内容多层次化、评价方法多元化的激励机制和评价体系。公共体育教学评价是按照公共体育教学性质和教学目标，采用各种评价方法对教学各环节进行分析、判断及提供决策的过程。它既是检查教学效果的手段，也是一种激励措施。调查显示，我国高校公共体育教学评价手段主要表现为：根据《国家公共体育锻炼标准》《体质测试标准》对学生的学习结果给出一定成绩；根据课时工作量、学生评价、学校教学督导随机听课抽查等对教师的教学效果进行指标量化。这样的评价结果手段单一，很难激起师生的教学热情，也很难对高校公共体育教学进行科学的评价。所以，探索为学校、教师、学生服务的新途径，调动其积极性和创造性，健全高校公共体育教学评价制度势在必行。

休闲教育视角下高校公共体育教学评价的设计，是按照公共体育教学目标多元化、多维度的要求，根据教学模式的不同、教学过程中教与学的规律和政策，建立起相互激励的多维度评价体系。首先，对于学生学习的评价，要按照《纲要》的要求明确学生的学习是学习过程和效果的评价，除了考核身体素质、运动技能方面的指标外，还要根据学生的课堂表现、健康知识、课外锻炼、个体差异，对学生的学习态度、锻炼能力、意志品质等方面进行过程性评价。将相对性评价与绝对性评价结合给予有个体差异的学生定性评价；根据学生的公共体育基础、学习进步程度，进行一定的分层评价，在统一的标准要求下，可以定性地给出不同层次学生的相应成绩。其次，对于教师教学的评价，要结合学生评教、督导评价、领导评价、同行评价等多方考核，制定出一套较客观、公正，具有说服力的量化评价办法。在教师的业务考核、职务评聘和评优、评先中，应以教学为重要依据，以公共体育素养、教学能力、科研能力、教学效果和敬业精神等为考核指标。各高校应从理论知识水平、教学内容与方法、教学态度、课外公共体育教学参与程度、继续教育情况、学生反馈等方面建立起一个评价主体多元化、评价内容多层次化、评价方法多元化的激励机制和评价体系。

高校公共体育是实施素质教育和培养全面发展的人才的重要途径。休闲教育视角下高校公共体育教学改革的推进是一个系统工程，必须由学校、教师和学生通力合作才能完成。公共体育教学的主体、客体和教学内容、教学方法、教学模式等构成了一个有机的整体，在教育运行过程中，各个要素既要发挥各自的作用，体现各自的功能，又要协调配合，通过各环节的超循环运转，按照《纲要》的要求，遵循教育和公共体育的发展规律，在课程目标、课程结构、教学内容方法、课程建设与资源开发和课程评价等方面，尽可能地实现终身教育、素质教育、人本教育、生活教育等多种教育要求。

第四章　公共体育教学改革的思想基础

第一节　寓德于体

一、"德"在高校体育教学中的意义分析

增强学生体质，培养学生良好的身心素质，是高校体育教学的根本目标和出发点。学校的体育课程是学生身心共同参与的活动。在学校体育教学中，学生通过参与身体锻炼以及互相配合来获得知识与技能，这就在客观上为教师培养学生的道德品质提供了条件。但实际情况并非如此，在我国很多高校，大部分体育教师往往只注重课堂组织教法的运用和学生技能的提高，忽视了体育教学中的德育教育，甚至认为德育是文化课的任务。德育，具体来讲就是对人的思想品质、生活品质的培养。其任务是提高受教育者的思想认识，培养高尚、健康的人格，丰富情感世界，培养积极乐观的人生态度。

叶圣陶先生曾说过："什么是教育，简单地说就是要养成良好的习惯，对于德育而言，就是要养成良好的行为习惯。"[①] 体育教学过程主要是一个让学生身体素质得到全面发展的过程。在体育教学的过程中，教师向学生传递知识、答疑解惑，提高其身体的力量、速度、耐力、柔韧、灵敏等素质。与常规的文化课教学不同，体育教学以体育锻炼实践为主，更注重身体素质的培养。当今社会，随着亚健康人群的增多，身体健康日益成为人们关注的焦点，体育健身锻炼逐渐成为人们生活中不可或缺的部分。体育教育的地位也因此变得越来越重要。伴随着体育教育影响范围的扩大，人们也挖掘出体育教育的德育价值。德育，主要是指对学生思想素质和道德层面的教育。德育的过程实际上是一个善恶辨别和道德价值观树立的过程。德育的最终目的是要帮助学生树立正确的道德价值观，对是非荣辱形成正确的评价标准，最后内化为自身的

---

① 叶圣陶. 给语文教师的建议 [M]. 长沙：湖南人民出版社，2022.

内在品格，保持并发扬于有形的生活之中。德育是教育教学的重中之重，它同样也应该贯穿体育教学的始终。所以，现代高校体育教学也成了德育教育的重要载体和桥梁。

纵观体育教学，"德"在其中主要具有以下五点意义。

（一）培养学生的坚强意志

与竞技类体育教学不同，高校体育教学对学生的技、战术没有那么高的标准和严格要求。但是，现代体育教学已经不完全等同于战术和身体素质教育了，它还需要培养学生的优良品质和良好的意志力来共同达成当今社会所提出的全新的体育教学目标。例如，跳马、双杠需要学生的勇气、自信和自我挑战，长跑运动需要学生的耐力和坚持不懈，足球、篮球等需要学生长期的摸索和学习，等等。基于此，体育教师应以体育课程标准为基本着眼点，适时创新教学内容，对每一个学生进行个性化的特殊处理。经过一系列的体育教学活动培养学生坚持不懈、敢于拼搏、勇敢向前的道德品格，并将其融入未来的工作和生活之中。

（二）培养学生的竞争意识

现代社会是一个高效率、快节奏的社会，人们若想在社会中脱颖而出，必须时刻保持最佳的竞争状态。现代社会要求人们必须具备敢于拼搏、敢于竞争的精神。体育教学为竞争素质提供了很大的发展空间。竞争意识，简而言之，就是对外界活动持有积极应对的心理反应。人们在竞争意识的引导下进行一系列竞争行动。作为体育运动项目突出特点的竞争因子在体育竞赛中表现得淋漓尽致。体育教学过程中所组织的一系列体育竞赛和活动，可以激发学生身上的竞争因子，调动学生的竞争细胞，激发学生的最大潜能，让学生在体育竞争中内化竞争意识，树立顽强拼搏的竞争精神。从此种层面上来说，体育教学的德育功能主要体现在激活学生的内在竞争意识，培养学生勇于拼搏、敢于拼搏的竞争意识，在竞争中树立良好的道德行为规范。

（三）培养学生的团队合作意识

虽然当今社会充满竞争，但是仍然掩盖不了合作是主旋律的事实。任何一个个体力量所创造的效益与合作产生的群体效益是无法匹敌的。合作意识是个体对共同行动及其行为规则所赋予的情感与认知。合作意识是合作行为的方向标，引领着合作行为的产生与发展。合作意识也体现在体育运动项目之中。如篮球、排球、足球、接力、拔河等集体类运动项目的开展，单靠一己之力根本无法完成。若想很好地完成上述这些活动，除了要掌握这些运动项目特有的战术外，还需要队员之间的团队合作。只有通过队员之间的紧密配合，个人的价值才能在集体中得到最大的体现，最终实现自我价值，取得比赛的胜利。所以，体育教学不但给学生提供了交流沟通的平台，还为学生良好人际关系的搭建起到桥梁的作用。学生与学生之间关系密切了，交流频繁了，无形之中就营造出相互帮助、相互关心、团结合作的融洽氛围。学生在感受到集体温暖之余，也逐渐养成团结协作的精神，树立起集体主义的观念。这也必将为他们日后融入社会奠定坚实的人生基础。

（四）培养学生的自我约束能力

自我约束能力，简而言之，就是自己能够控制自己的所作所为的能力。学校体育教学是一种以室外活动为主的动态群体行为。其教学管理相对于常规学科来说，较为困难，这就需要有一定的行为规范来保证体育教学活动的顺利开展。以运动竞赛项目为例，像"三大球""三小球"、田径和各种集体类体育运动竞赛项目，必须遵循该项目特定的规则，用切身行动去维护它、捍卫它。规则无论对他人还是对自身都是公平的。它像一把标尺，衡量和监督每一位参赛者，让他们时刻保持清醒的头脑，用明确的规则来约束自己的运动行为。所以，长此以往，学生就可自然而然地形成良好的组织纪律观，提高自我约束能力。

（五）调节学生的身心健康

随着社会经济不断向前发展，人们的生活压力、工作压力越来越大，各种"富贵病"接踵而来。研究发现，体育运动可以帮助人们释放压力，保持心情愉悦，满足一定的心理需求。所以在体育教学过程中，我们应该注重学生生理和心理的双重发展。我们不仅要让学生在科学合理的运动负荷下，实现身体素质的全面提升，还要让学生在日常的体育教学训练之余，得到精神上的放松。学生在体育课堂上收获的不仅仅是健康的身体，还应该包含愉悦的心情，这才是体育教学的真正价值所在。

二、中外"寓德于体"教育思想的比较分析

（一）国外不同时期的"寓德于体"思想研究

1. 古埃及和古希腊时期

在古埃及，人们很注重子女的教育问题，古埃及人在关心子女身体是否健康之余，

还很关注对子女智力和德育的培养。当子女还处于婴儿期时，古埃及的父母就让他们的子女赤裸着身体尽情地拥抱大自然，让孩子们在户外运动的过程中尽情享受充足的阳光和新鲜的空气；当子女成长为儿童少年时，古埃及的父母会适时开展一些适合他们年龄特征、个性特征的游戏；当子女成长为青年时，古埃及的父母会让他们尝试一些激烈的球类游戏和剧烈的户外运动，充分满足孩子们的身心需求。孩子们通过这些体育运动项目的锻炼，逐渐养成了遵守纪律、团结友爱、协作共赢的良好品格。体育运动的开展不仅有利于人们"体"的发展，也有利于人们"德""智""美"的综合发展。

古希腊人眼中的美德不单单指心灵美，它更关乎人们的道德和心理。古希腊人认为，只有道德、心理、身体均健康发展才可以称为美德。所以，他们倡导"智慧的人"与"行动的人"相统一的教育理想。古希腊人训练身体素质，不单单是出于自身力量素质和军事的考虑，他们更多的是侧重于通过体育锻炼，培养坚强、勇敢、礼让、果断、智慧等良好品格。苏格拉底曾说过："体育和音乐教育一样，应该让他们从小就开始接受，而且体育训练应该十分小心且要终其一生。我并不认为不良好的体质本身有利于灵魂的修养，相反，美好的灵魂它本身能够在可能的范围内改善体质。"此外，其他一些古希腊思想家也都分别从各个维度详尽地阐述了体育与道德之间的关系，但万变不离其宗，其主要论点依然是体育有着不可比拟的道德教育价值。

在体育之于品格的价值研究上，古埃及人和古希腊人是明智的，他们很早就看到体育游戏和体育比赛的深层隐性价值。选取适合各个年龄阶段的体育游戏和体育比赛，不单单可以帮助锻炼者强身健体，更能在强身健体的同时丰富业余生活，提升他们的道德水平。古埃及人和古希腊人主张人的全面发展。全面发展不只包含身体强壮，还包含心理健全和道德完善。通过体育锻炼这一载体，让人发展成为健全的人，是他们更希望看到的结果。"寓德于体"的教育思想在古埃及人和古希腊人身上体现得淋漓尽致，值得我们学习与反思。

2. 文艺复兴和启蒙运动时期

文艺复兴后期法国人文主义思想家蒙田指出："教育绝不是着重于一个人心灵的培养；我们的教育也不是注重到一个人身体的锻炼，教育的对象是整个的人；我们决不能将之一分为二……我们必须同等地给予发展，就像一鞭指挥着双马一样。"基于此教育思想，我们可以将体育的目的归纳如下："为了使他有坚强的心，就需要他有结实的肌肉；使他养成劳动的习惯，才能使他养成忍受痛苦的习惯；为了使他将来受得住关节脱落、腹痛和疾病的折磨，就必须使他历尽体育锻炼的种种艰苦"。所以，那一时期体育教育的本质是想让学生在体育锻炼的过程之中提高身体素质、道德素质和心智素质。学生在体育锻炼之余，也间接形成了坚毅顽强、敢于挑战、吃苦耐劳等良好品格。由此，"身心既美且善"成了该时期希腊人体育教育的主旋律。

英国著名的教育家约翰·洛克认为，体育是一切教育的基础。他认为教育主要由德育、体育和智育三部分构成。但是，三者中的重中之重，他认为是体育。因为在他的观念里，培养出健康的人才是教育的最核心任务，而体育是能够实现这一任务的首要之选。继而，他在这一套教育理论的基础上，又研究出了一套适应该时期社会发展的"绅士评比准则"。在"绅士评比准则"的第一条里，他要求绅士必须具备平衡发展的身心。他认为，一个真正的绅士不应该只拥有强健的体魄，还应该拥有良好的教养和优雅的风度。这一点在他的经典作品《教育漫话》中得到了验证。"人生幸福有一个简短而充分的描述：健康的心智寓于健康的身体。凡身体和心智都健全的人就不必再有什么别的奢望了；身体或心智如果有一方面不健全，那么即便得到了种种别的东西也是枉然。"从此以后，"健全的精神寓于健康的身体"成为人们推崇的主流教育思想。

谈起启蒙运动，我们不得不谈到卢梭。"身心统一论"是他的基本理念。在他的思想世界里，人的身体和心理是不可割裂的，二者成比例地良好发展，才是适应社会、适应大自然的前提条件。他认为："教育的最大秘诀是使身体锻炼和思想锻炼互相调剂。"卢梭注重感觉经验，他倡导积极参与体育运动和比赛。他认为，运动和比赛可以帮助人们平衡竞争与合作，在体育运动和比赛过程中锻炼身体，净化心灵。此外，他还倡导积极修建体育设施，推广体育竞技项目和游戏环节。他还提出进行体育锻炼的关键时期应该是童年，因为该时期的孩子自我意识刚刚形成，理智还不成熟，可塑性极大。他主张在该时期通过体育锻炼来塑造儿童的自我意识和理智情感。

约翰·亨里希·裴斯泰洛齐是瑞士著名的民主主义教育家。他认为，体育教育对身体素质的价值是无可厚非、有目共睹的，然而，体育教育对道德教育的价值也是旗鼓相当、不容小觑的。经过适宜的体育训练，儿童的身体和心理都可以获得健康长足的发展，这在无形之中促进了道德教育目标的达成。除此之外，长期坚持不懈的体育锻炼，也必将会对锻炼者的意志品格产生重要的影响。不怕吃苦、敢于拼搏、勇于挑战、团结友爱、互助协作等都是体育锻炼衍生出来的无形的道德价值。由此可知，裴斯泰洛齐主张在体育教育之初，应遵循客观规律，安排儿童进行科学合理的运动，在儿童可承受的能力范围内进行体育锻炼，提高身体素质，培养道德品格是正确的。他认为，体操的目的在于"使儿童的身体四肢、智慧和心灵处于相互统一的和谐整体之中"，并指出手工劳动、竞技、体操和游戏等都意义重大。

综上所述，众多教育家和思想家都主张人的身心要和谐发展。他们认为，身体和心灵是紧密关联的，应该抓住塑造良好品格的黄金时期——童年，安排一些合理的、适宜的体育运动锻炼，让孩子们在游戏、竞技比赛活动之中养成不畏吃苦、自立坚强、团结合作、勇于竞争、挑战自我等优良道德品格。这即是"寓德于体"。

3. 近现代时期

在近代时期的德国，体育被视为保持身体健康的一种手段。但体育教育未受到人们的重视。当时德国的体育课程是以养生为主的，主要从卫生角度出发，研究一些与之相关的饮食、锻炼、着装、日光、空气等问题。被称为近代学校体育之父的德国体育教育家约翰·克里斯托夫·弗里德里希·古兹姆茨则认为，保养不足以成为体育运动锻炼的所有重心，体育运动锻炼应该侧重于帮助学生强筋健骨、提升技能、塑造品格。由此可知，体育教学的三大任务早在18世纪后期就已经基本明确了。有着"幼儿教育之父"美誉的德国学前教育家、教育理论家弗里德里希·威廉·奥古斯特·福禄贝尔，主张抓住儿童早教这一黄金时期，优先开展体育锻炼，在游戏和竞技中开启学生的运动天赋，形成科学的道德品格，开发深层的大脑智慧。他曾说："游戏是人类心灵发展的首要手段，是认识外在世界，从事物及事实中汇集原始经验与练习身心能力的首要任务。""游戏是一种能形成非常强大的力量的心灵沐浴。"由此可知，他对游戏活动之于心灵意义是肯定和认同的。一系列的体育游戏活动必然会对其道德品质和智力产生一定的影响。体育锻炼过程中逐渐养成的公平正义、忠诚苦干、顽强拼搏、自我约束、团结友爱等的品质就是最好的证明。

19世纪20年代末，英国体育思想家托马斯·阿诺德很重视体育运动以及体育游戏对教育的作用，他主张在学校教育中广泛开展竞技游戏，培养学生顽强、果断、正直的思想品格，提升学生的全面素质，提升整体教学效果。19世纪50年代，小说《汤姆布朗的学校生活》横空出世。该小说主要描绘了英国拉格比公学的生活，小说所折射出来的对竞技和体能的关注远比现实生活中多得多。这使得当时的人们，尤其是广大的教育家、思想家、神职人员和普通大众深受启迪，体育教育思想理念也随之发生了重大变革，竞争精神深入人心。赫伯特·斯宾塞紧随其后出版了《教育论》一书。书中的主要观点为，注重游戏的自然性，反对一切赋予游戏鲜明的人为色彩。他主张在体育教育过程中要记得遵循客观规律，要用科学的思想统领体育锻炼的全过程。他推崇以人的自然本性为核心内容的游戏环节，因为他认为只有让学生充分发挥本性，才有利于兴趣持久地激发和保持。他重视在体育锻炼过程中人是否释放了最大的自主能动性。他曾说过："自主能动性是人的品质中一个最有价值的因素。"此外，他口中所说的自主能动性还包含有一定的独立性。他所希望的自主能动性是在独立性的基础上产生和发展的。他认为，人的独立性可以使人获得自信，获得坚强不屈和肯吃苦的优良品格。

爱默生发展了他的人类自我完善和自立哲学的思想理念，这种思想在健身运动和竞技之中都有着重要的指导意义。他认为强健的体魄是完成伟大使命的敲门砖、奠基石，体能是人类勇气和道德力量的源泉。所以，健康才是人这一辈子最大的财富。他认为，离开游戏活动，单独谈一些空理论的教育是不完整的。尤其对儿童而言，只有赋予游戏活动的游戏理论才会在他们身上生效，这些游戏本身才是最终的幕后的真正教育者。清教哲学认为竞技运动在一定程度上会对道德品格的形成有影响。基督教也认为一定程度的竞技训练和身体素质练习可以帮助实现道德、心理和宗教的教育目的。

苏联现代著名教育实践家、理论家瓦西里·亚力山德罗维奇·苏霍姆林斯基认为，体育在人个性的全面发展进程中发挥着不可替代的作用。德育、智育、体育、美育、劳动教育都是教育旗下的几个重要分支，都从属于教育，它们虽然侧重点有所不同，但是它们是相互影响、密不可分的。所以在对学生进行体育教育的同时，必然也会对其进行一定程度的道德教育、智力教育、审美教育和劳动教育。他认为，在学生的不同成长阶段应进行不同的体育教育。例如，儿童时期的体育教育就应该以发展儿童的身体机能和促进健康为主；少年时期，体育教育的侧重点应当有所转变，除了提高身体素质外，还应拓展精神世界，发展智力潜能，激发道德情感，塑造道德品格，丰富审美内容，提高审美层次。在有了一定量的体育锻炼的基础之后，身形的变化增添了人们的青春活力与自信，心态和性格也因此变得柔和。他还特别强调："体育不可能仅局限于锻炼身体与增进健康，它还涉及培养道德尊严、建立纯洁与高尚的情感、确定道德与审美的准绳及对周围世界做出评价与自我评价等人的个性方面的复杂问题。"

这一时期"寓德于体"的教育思想表现为人们对体育教育中德育教育的重视程度。众多体育家和教育家都十分重视人在体育活动中的独立性和自主能动性，他们普遍认为体能是人类勇气和道德力量的源泉与奠基石。他们主张依靠纯天然的游戏和竞技来强壮人们的筋骨与体魄，激发情感，培养道德品格，最终塑造人的性格、磨炼人的心智。深入进行体育锻炼可以帮助人养成忠诚正义、果断勇敢、自我约束、自主自立等优良品格。

（二）国内不同时期的"寓德于体"思想研究

1. 先秦时期

"造棋教子"源于《路史·后记》记载："（丹朱）鸷很婍克，兄弟为阋……帝悲之，为制弈棋以闲其情。"故事大意为：尧的儿子丹朱，忌妒心强、骄傲蛮横、凶狠残暴、品德恶劣，兄弟之间争吵不休，矛盾重重。尧得知后心里很是焦虑，于是就命人制作了围棋教育丹朱，希望在"棋道"的教育下，人也能改邪归正。可见，围棋的教育功能不可小视，它教会人们"守之以仁、行之以义、秩之以礼、明之以智"。

春秋时期伟大的思想家、教育家、哲学家老子有云："不失其所者，久也。死而不亡者，寿也。"这句话的意思是：人若想肉体活得长久就不能离开生命的根基，但若想获得真正意义上的长寿还是要保持精神上的人格。所以，要想获得真正意义上的长寿，光靠鲜活的肉体来维持是远远不够的，还必须不断完善自己的品格，让精神之光常亮。养生，顾名思义，就是指身体的保养。但是究其实质，养生需要保养的不仅仅是单纯的肉体，还应包括精神人格。整个养生系统应该始终包含肉体和精神，二者缺一不可。庄子有云："形劳而不休则弊，精用而不已则竭。"这就告诉我们应该把形体和精神都抓起来，并且"两手都要抓，两手都要硬"。"静而与阴同德，动而与阳同波。"这句话的意思是：与阴同德，就像大地一样，厚德载物；与阳同波，就像九天之上，自强不息。由此可知，养生这一概念，在先秦就产生了，并且已从鲜活肉体的养生过渡到精神领域，开拓了养生领域的新篇章。

孔子是儒家学派的代表人物，也是伟大的教育家、思想家。他在传承西周宫学中"六艺"的基础之上，发展了独特的"礼、乐、射、御、书、数"等教学内容。这一教学内容反映了孔子的教育思想。他主张培养德、智、体全面发展的人。孔子的道德标准是"礼"，政治思想是"仁"，对于体育思想而言，他倡导遵"礼"。他所期冀的教育目标是发展文武双全、道德高尚的仁义之人。孔子尚文，但文必须"之以礼"；孔子尚勇，他认为："仁得不忧，知者不惑，勇者不惧。"但是，他又警告世人"勇而无礼则乱"。他主张无论"武"多么"勇"，也要服从奴隶主贵族之"礼"。故孔子有云："有文事者必有武备，有武事者必有文备。"这里所提到的"武"是军事的意思，但由于古代体育大部分以军事为主，故"武"在这里可以狭义地理解为当今体育的源头。对于"礼"而言，孔子讲求将其应用于实践，空谈"礼"绝不是他的本意。孔子善射御。在他行射的过程中，他对周围的旁观者和身在其中的参与者都有严格的礼仪标准。凡是道德礼仪低下者，均不允许参与其中。因为他认为行射的最终目的并不是谁输谁赢，而是在于品鉴人的道德。"君子无所争，必也射乎！揖让而升，下而饮，其争也君子。""射"不只拼技艺、讲方法，而且要以"礼"当先。行射的最终目的是从行射中学习礼数。由此可知，孔子注重身心合一的教育方式，倡导在体育强身健骨之余，更加看重体育之于人的道德的影响。

墨子是墨家学说的代表人物，他主张"厚乎德行，辩乎言谈，博乎道术"。他认为，"德"为"力行"提出了标准，指明了方向。他对学生进行德行教育，首先要求学生能够吃苦耐劳，坚毅不屈，敢于挑战。他也主张通过"行射""习御"这一体育途径来强健人的筋骨、内化人的品格。

荀子是著名的唯物主义教育家、思想家。他崇尚"乐行而志清，礼修而形成，耳目聪明，血气和平，移风易俗，天下皆宁，美善相乐"。他认为，体育活动不单对人的身心健康有所裨益，还会影响社会风气。

这一时期"寓德于体"的教育思想可以归纳为：肯定了体育对身心健康的价值，但是，这两方面相比较而言，更突出体育的健心价值，尤其是其德育价值。古代重视"行射""习御"，但是出发点绝不仅仅是为了强健身体，更多的是通过体育这一媒介，对人的心性进行磨炼，使人塑造良好的品格和德行。

2.唐宋、明清时期

在唐代，以木射为代表的体育活动盛行：用木为侯，以球代箭，用球击射木侯。木射场地上一端设立15根笋形平底木柱，其中有5根木柱分别用墨笔写上"傲、慢、佞、贪、滥"，10根木柱分别用朱笔写上"仁、义、礼、智、信、温、良、恭、俭、让"。参加比赛的人员纷纷在木柱的对面用木球往木柱方向抛撒，击中有朱笔写字的木柱即获得胜利，反之，则视为失败。通过这种带有朱笔和墨笔字迹的木柱，我们可以看出古人对哪些道德信仰持肯定态度，对哪些道德信仰持否定态度，进而帮助参加体育运动的人们形成正确的道德评判准绳。儒家"仁爱"思想在古代体育运动中也得到了很好的体现。在体育运动过程中，侧重点由取胜转移到了道德层面的比较，倡导"君子之争"，体育的礼仪性、娱乐性、伦理性在该时期体现得淋漓尽致。

明末清初杰出的教育家、思想家颜元，倡导施行文武双全、全面发展、综合素质高的学生教育。他认为，体育的价值不仅在于强壮筋骨，还有很多内化的智育和德育价值。他对体育的德育功能有如下理解："人之心不可令闲，闲则逸，逸则放""习礼则周旋跪拜，习乐则文舞、武舞，习射御则挽强把辔，活血脉，壮筋骨""以礼、乐、兵、农，心意身世，一致加功，是为正学"。所以，他招收学生时就明确提出"礼、乐、射、御、书、数、兵"都将作为学习的重点课程，而其中"射""御""兵"是基础中的基础。颜元认为在身体锻炼的过程中，人们的道德修养和智慧成果必然有所增加。如若每日加以练习，假以时日，身心必将得到和谐发展。颜元倡导身心一致，主张德育、智育、体育同时发展，只有这样才能培养出社会发展所需的栋梁。颜元的体育德育论、体育智育论都是一种崭新的尝试，为后期体育的多功能发展奠定了坚实的基础。

这一时期"寓德于体"的教育思想主要可以概括为：儒家思想中，体育运动蕴含着忠诚仁义、谦虚宽厚、包容礼让等"仁爱"思想。教育思想家颜元透过体育的健体价值表象，挖掘出体育更深层次的智育和德育价值，他倡导促进学生德、智、体全面发展的教育。

3. 近现代时期

近代著名教育家蔡元培肯定了体育的首要地位，他说"完全人格，首在体育"。关于体育和德育的辩证关系，他坚持体育是基础，体育是根本，而道德教育是体育教育的衍生品。空谈道德的体育，会让人嗤之以鼻；空谈体育的道德，会让人的心灵无处安放。1917 年，伟大的无产阶级革命家、思想家毛泽东在《新青年》上发表了《体育之研究》一文。他在文中写道："愚拙之见，天地盖唯有动而已。""人者，动物也，则动尚矣；人者，有理性之动物也，则动必有道。""动也者，盖养乎吾生，乐乎吾心而已。""欲图体育之效，非动其主观，促其自觉不可。""学校之设备，教师之教训，乃外在的客观的也，吾人尚有内的主。夫内断于心，百体从令……苟自之不振，虽使外的客观的尽善尽美，亦犹之乎不能受益也，故讲体育必自运动始。"此番言论很好地论述了德、智、体三者之间错综复杂的关系。"身心并完""三育并重"是毛泽东所倡导的体育发展观，也成为学校培养人才的硬道理。

中国奥运先驱张伯苓认为，体育学科在学校教育中是一门基础学科，除了强健体魄外，还能培养公民的道德意识。张伯苓注重体育运动过程对人的道德素质的建构。他曾说过："运动之所争也，胜负而已，苟一战而负，人格上固尤在已，若人格一有所损伤，则虽胜又岂值得若许代价哉？"由此可见，"德体并进""体与育并重"是他的主要观点。著名大学校长梅贻琦认为体育是实现高尚人格的最佳途径。他认为，在体育锻炼过程中，可以使人和人之间变得亲近，团队荣誉感增强，竞争与合作共存。所以，他总结道：竞赛是为了练习团队合作守法的习惯，而体育旨在促进团队道德的养成。著名体育家马约翰在体育的价值问题研究上又有所突破。他认为，体育除了具有强身健体和道德塑造的价值之外，还具有磨炼性格的价值。在体育的世界里，人的勇敢、顽强、拼搏等性格品质被极大地激发出来。他曾说："体育最重要的效能是塑造人格，弥补教育不足之处，要学生学会负责任，学会帮助关心别人。"这一点在他的作品《体育的迁移价值》中有具体的体现："体育是培养学生品格的良好场所和最好工具，体育可以批评错误，鼓励高尚，陶冶情操，激励品质。"

这一时期"寓德于体"的教育思想可以大致归纳为：肯定了体育的基础地位，与此同时提出了"德体并进"思想。体育的价值从健身层面拓展到了培养道德、塑造人格等精神层面。体育的团结协作、竞争突破精神可以向爱国强国精神靠拢，为祖国的建设提供综合型人才。

三、体育教学中武术武德教育的实例分析

伴随着近几年的"国学热"，传统文化又重新进入现代人的视野。武术历史悠久，以其博大精深的内涵成为中华民族灿烂文明传播的载体之一。随着北京 2008 年奥运会的成功举办，武术被越来越多的人所了解。武术以其独特的动作风格和表演形式受到人们的喜爱，在全世界广泛传播，让无数人为之痴迷。所以，武德教育应引入高校教育。

（一）在教学计划中渗透武德教育

在武术教学计划的订立之初，武术教师应该坚定自己的立场，把武德教育视为与武术技术教育同等重要的教育，让武德教育融入武术技、战术教育的血液中来。诚然，开设武德教育课程是对此理念最好的诠释。武德教育课程可以围绕武德内涵、习武观念、武德精神等内容展开，让学生体会到中华武德的真正内涵，并引以为鉴，严格要求自己，树立科学的世界观、人生观和价值观，激发爱国热情，为祖国的建设贡献一份自己的绵薄之力。此外，武德学习的结果还应按照一定的考核标准纳入考试范畴，以便学生对武德的学习有清醒的认识。

（二）将武德教育应用于武术教学实践之中

在武术教学实践中，武术教师应该采用多样多变的教学手段和方法对学生进行武德渗透。例如，在上课前期阶段，武术教师可以对学生开展武术礼仪教育，让学生对抱拳礼、递接礼、器械礼有科学的认知和学习。在一系列的武术道德学习之后，学生便会逐渐养成尊师重道、以礼待人的美德。上课期间，武术教师在教授武术技术的过程中，可以鼓励进度快的学生主动帮助进度慢的学生，形成互帮互助的良好竞争氛围，进而帮助其养成乐于助人的良好美德。上课后期，教师可以教育学生把课上的武术方

法和武术精神广泛应用到课下的日常练习中，让学生坚持练习。这样一来，学生就养成了坚持不懈、坚韧不拔的良好美德。

（三）将武德教育渗透到武术竞赛之中

课堂上的武德教育仅仅是武德教育的一方面，武德教育还应包含在课堂外的一切体育运动竞赛之中。只有这样，武德教育才能全方位、立体化。在武术竞赛中，学生可提高技术水平，相互交流思想，增加感情。竞赛的过程实际上也是一个自我品德提升的过程。在竞赛中，我们可以从对手身上汲取精华，提高自己的道德修养。武术教师在完成基本教学任务之余，还可以以提高学生的武德认知为目标，积极组织学生开展一些武术课外活动。这些活动可以跨越班级、年级、系别的界限，只要是对武德教育有益的，都可以为我所用。组织形式也可以广泛采纳学生的意见，只要学生能积极参与的都是可行的。

（四）选取优秀人文素材适时进行武德教育

历朝历代为国家和民族牺牲的武林豪杰的故事都可以作为优秀的人文素材。他们忠于祖国、甘愿牺牲的精神可歌可泣，他们为我们阐明了武术的真谛，值得后人学习。中华武术因为有了这些英雄的存在而变得更加高尚。他们不断地为武术精神补给养料，为习武之人树立了良好的榜样。抗击倭寇的戚继光、抗击英国侵略者的关天培，以及"灭洋"的义和团都是英雄。可见，忠于国家民族是中华武术的优良传统之一。中华武术的另一优良传统是仗义济民。习武之人应不畏土匪强盗，不畏恶霸地痞，不畏残暴的统治者，不畏凶恶的侵略者。勤学苦练是中华武术的又一优良传统。但凡去过少林寺的人，都会看到武僧在那里勤学苦练，风雨无阻，无不对他们充满敬仰，被他们所感动。综上所述，学生通过对武术的学习，武德必然也会有所提升。

（五）提升武术教师自身的武德修养

教师的言行对学生有很大的影响力，学生会模仿教师的言行。所以，教师要意识到自己言行的重要性，对学生产生更多的积极影响。对于武术教师而言，要加强武德修养，提高武德风范，身体力行，潜移默化地影响每一位学生，引导他们形成正确的世界观、人生观、价值观和道德观。因此，高校武术教师不仅要在专业知识方面做足功课，还要不断提升自己的武德修养。凡是要求学生做到的事情，自己都应身体力行，为学生树立道德榜样。武术教学实践的过程，是每一位武术教师的必经过程。只有经历过武术教学实践，武术教师的武德教育才更加具有说服力。

在全面推进素质教育的今天，作为学校体育教学重要内容之一的武术教学，应该适时进行教育改革，将武德教育融入武术教学中，并与武术技、战术教学并驾齐驱，充分发挥武术教育的武德教育功能，力求把每一位习武学生都培养成为技术底蕴深厚、道德素养较高、适应现代社会发展的新型人才。

第二节　寓智于体

一、"启智促健"是高校体育教学的必然选择

当今社会，素质教育成为教育的主旋律，然而体育教育作为教育的一个重要分支，除关注学生的身心健康外，还应把视野放宽，关注智慧技能的提升。体育教学中的"启智促健"应用，是促进学生思维活跃、提高学生综合素质的重要因素。基于上述因素，"启智促健"也是高校体育教学改革的大势所趋。

（一）体育教学过程中"启智"的必要性

"启智"，顾名思义，就是启发学生的智力，最终获得智慧的过程。这也是各门学科教授知识的最基本目的。研究表明，虽然经常参加体育运动可以启发学生的智力，但并不表示只要参加运动，智力就会随之增长。当然，智力和运动之间存在某种关联。但是，两者之间也存在一定的矛盾。所以找到智力和运动这两者的平衡点，才能找到解决问题的突破口，这也是我们研究的重要课题之一。体育教育找到了智力与运动之间的最佳平衡点，它帮助学生成长为德、智、体全面发展的综合型人才。如果单纯依靠体育运动，虽可达到强身健体之功效，也能在一定程度上促进智力的发展，但是智力的发展和体力的发展绝不会是同步的。因为体育运动首先能确保的是让大脑这个物质器官获得良好发育，继而为大脑智力的发展提供沃土，至于将来智力如何发展，则需要时间去印证。而体育教育可以弥补体育运动之不足，它好比是体育运动的营养剂和催化剂，在体育运动过程中影响学生智力的发育，最终帮助学生获得德、智、体全面发展。

在体育教学过程中运用"启智"是十分必要的。如果在体育教学中一味注重技能

练习，忽视对学生智力的开发，那么将会使学生不能全面认知和掌握所学运动技术的规律，进而对其智力的发展和智慧技能的习得产生阻碍。体育教学必须通过外在、具体的体育锻炼，将学生内在的智慧激发出来。体育教师要善于指导学生学会运用多种学习策略来提升自己的体育学习效率。

（二）启发学生智力，习得智慧技能的方法

1. 启发学生元认知参与体育教学

西方有"未来的文盲不是不识字，而是没有学会怎样学习的人"的说法。东方有"授人以鱼，不如授之以渔"的古语。很显然，东西方不谋而合。我国宋代教育家朱熹倡导教师应该教会学生学习的方法，而不仅是学习的内容，教师只负责为学生引领方向，其余的就要靠学生自己了。我国当代教育家叶圣陶主张"教是为了不教"。他也建议让学生学会学习，而不是一味地、无休止地教导学生。由此可知，"教会学生学习"已成为人们普遍认可的教育真理，也充分体现了学生的主体地位和教师的主导地位，符合当今教学改革的理念。"授之以渔"对教师的教学提出了新要求，它要求教师要启发学生，让其运用元认知能力来学会体育学习。

"元认知能力"是对认知能力进行调解和监控的能力，对促进学生学会学习有着重要的意义。元认知过程，实际上是一个对任务知识认知、对个体知识认知和对策略知识认知的过程。以体育教学为例，让学生在上体育课之前就对自己在要达到的体育目标、体育过程中将会遭遇的制约因素和学习该体育知识需要调动哪些思维和记忆等有所了解的话，那么学生进行体育知识学习的效率将会大大提高。元认知体验是体育教学中最重要的体验，它使学生不断调整认知策略，以选取最佳策略。学生通过观察和体验，验证自己的动作是否正确合理，进而在一次次的失败中进行调整，直到最终掌握。元认知体验可以调动学生认知的积极性，激发学生的认知潜能。教师应教会学生掌握正确的元认知知识，让学生体验认知活动中自我调节与自我监控的快感，启发学生自觉思考。教师应在教学中调动学生参与体育活动的热情，激发想象潜能和创造性思维，让学生从传统的"接受"学习的束缚中解放出来，学会发现学习，形成适合自己的一套独特的学习理论和学习方法，引领自己掌握学习规律，从此成为学习的主人。教师还应引导学生进行学习方法和学习策略的分析与总结，从而不断地调整、控制学习活动，使学生成为学习的真正主人。

2. 启发学生进行新知识的建构

与动物不同的是，人脑可以对已掌握的知识、方法加工整理后，形成一套新的知

识和方法，广泛应用到未来的学习生活之中。体育活动具有多变性，这就对学生知识的建构提出了新要求。所以，学生要学会根据不同的变化，改变自己的认知策略，对大脑中已成型的知识进行重新建构，以适应新的认知要求，掌握新的体育知识和技能，获得好的比赛成绩或练习效果。当然，有些建构的内容是可以提前预测或演练模拟的，但是比赛中的任何一个细节任何人都是无法预料的。这就要求参加者调动身上的每一个认知细胞，找到适合当下比赛的技、战术方法，在比赛过程中创造属于自己的一个又一个奇迹。布鲁纳认为，从外部进入知觉的因素为智力的成长提供了很大的空间，学生对各种新技术的不断掌控需要在教师的引导下，对大脑中已经积攒下的体育技能重新组建，利用重新组建的新结果来尝试解决面临的新问题。所以，教师的引导和帮助显得尤为重要，它能帮助学生习得智慧技能和发展智力，以便学生在未来不断独自应对新问题。

体育教师要教会学生拓宽思维、建构知识，首先应该从全面了解学生做起，在全面了解学生、掌握其智力的发展规律之后，还要钻研教材，找到适宜学生的教学方法，激发学生的参与积极性和创造性。体育教师一定要突破常规思维，杜绝懒惰，教授学生常规的技术动作组合后，还应创编一些新的动作组合，以满足学生不同的兴趣需要。只有极大地激发学生的主观能动性，才能让学生学会学习，进而在未来的学习生涯中能够主动学习、主动探索、主动创新等。

3. 启发学生进行知识的迁移

知识的迁移是未来学习过程中一种不可或缺的学习手段，它可以将人们大脑中已有的知识应用到类似的事情之中，借以解决新面临的极其类似的问题。这种特征也是人类所特有的。知识的迁移教会学生用一种学习方法去解决后面遇到的诸多相似的问题。学习的信息加工理论认为，新知识在记忆系统编码、储存和提取的过程，是新旧知识相互作用的过程。学习就是用新掌握的知识不断地去替代原有知识的过程，但是这种替代不是简单的、毫无关联的替代，而是有着某种特殊关联的替代。在这种替代作用下，形成知识的迁移。通过知识的迁移，学生能够举一反三，闻一知十。当然，迁移也有正负之分。正迁移，顾名思义，即是大脑中已有知识对后面技能习得有着积极影响的迁移。我们在教学过程中要多多鼓励学生进行正迁移，这也对学生提高学习效率产生积极的影响。在日常体育教学过程中，技能迁移成为我们关注的焦点，而对横向学科联系与技术原理方面的迁移的关注则少之又少。从学生角度出发，一味地学习动作根本无法吸引他们的注意力，在不感兴趣的前提下进行某些技能知识迁移，更是难上加难。以体育教学为例，教师在教授体育运动技能的同时，也可以引导学生将体育学、生物学、物理学、卫生学等进行关联思考，将众学科紧密地联系起来，使其建构一个全方位的、立体的完整知识体系。最后学生运用新获得的知识体系再理解体育的技术动作结构和意义，收获将颇丰。在这样来回地摸索的过程中，学生会慢慢体会到教师让他们完成这些动作背后的真正意义。学生在深刻地理解体育运动技能规律的来龙去脉之后，在遇到新的困难时，他们解决起来也将更加轻松。像这种知识的迁移，则属正迁移范畴。其间，教师的正确引导是至关重要的。在学生迷惑的时候，教师应对学生进行耐心引导，启迪他们往正确的关联方向思考，最终促成正迁移的产生，让学生在不断的正迁移过程中，摸索出体育学习的真谛，将体育学科规律学习延伸到未来的各个学科和领域之中，成为一个会利用已学知识举一反三的真正会学习的人才。

今天的体育课程标准，早已脱离了安排具体教学内容的低级阶段，给学生和教师提供了更大的学习与教学空间，赋予了更多的创新性。所以，在体育教学过程中，教师应根据学生的兴趣需要和身心发展特点，选取能够调动学生积极性的体育运动内容，充分安排能够为学生带来乐趣和成功体验的运动项目，让学生积极参与到课堂教学中来，享受主体地位。当然，在体育教学过程中，掌握知识和技能仍然是基础教学目标。帮助学生实现从"学会体育"向"会学体育""会用体育"良性过渡，才能最终达成"终身体育"的目的。

二、"尽心尽职"是高校体育教师应有的态度

现代体育教育的重要性已经得到越来越多教育专家的认可，它不仅承担着提高学生身心健康的重要使命，而且帮助学生发展德育和智育。为此，"尽心尽职"地上好体育课才是体育教师应秉持的正确态度。

如今，大多数人仍把体育视为非主要学科来对待，甚至体育课被其他学科抢占的现象时有发生。但是，体育也是素质教育的一项重要指标，没有体育的素质教育是不完整的教育。相反，它承载着促进学生身心健康发展的双重使命。从这个意义上来看，体育教师所肩负的责任比其他任何学科的教师都重得多。所以，体育教师应该"尽心尽职"地上好每一节体育课，认认真真地完成每一个教学目标和任务，踏踏实实地做好以下五项工作。

（一）以爱为本，因材施教

教育家程红兵说："有真诚的爱心，才有流动的血脉，才有生命的教育。"一个优秀称职的体育教师要有一颗爱学生的心，把学生当作自己的孩子，就像苏霍姆林斯基那样乐于把整个心灵献给孩子。以体育考试成绩为例。经过一个学期的体育学习，大部分学生在期末考试中获得优异成绩，也有少数学生的成绩不够理想。此时，老师需要付出更多的耐心，帮助他们在一次次练习中重新挑战自己，获得自信，让学生在老师有爱的教学中茁壮成长，进而创建一个"有爱"的教师队伍。那么在接下来的补测中，这些学生的成绩会取得质的飞跃，他们每个人的脸上也会露出满意的笑容。诚然，要让他们知道，测试并不是最终目的，重要的是要让他们在爱的浇灌下茁壮成长，这才是每一位教师的最大心愿。

（二）营造氛围，提高效率

体育课与文化课教学不一样，它本身的特性决定了它活泼、愉快的课堂氛围。体育课的最终目的是让学生在和谐愉快的氛围中，激发兴趣，掌握运动技能。体育课大部分内容以单纯的技、战术教学训练为主，课程自然会略显枯燥乏味，激发不了学生的学习兴趣。体育教师可以通过在体育教学中融入适当的体育游戏，激发学生的学习兴趣，满足学生日益增长的体育需求。通过游戏的开展，学生学习专项运动技术的效率也会大为提高。由此可见，体育教师在教育过程中加入游戏环节，可以营造出一个愉悦、融洽的学习氛围。

（三）优化结构，转差培优

"爱是教育的前提"，作为一名教育工作者，要关爱每一个学生，不管是成绩优异的，还是成绩平平的。面对一些成绩不理想、调皮捣蛋的学生，教师不要言语讥讽，不管不顾，要学会科学、合理、机智应对，谆谆教导，循循善诱，抓住他们的兴趣和在意的事情，打开他们的心扉，让他们意识到老师对他们的重视、尊重与认同。诚然，这期间需要体育教师付出真诚和无私的爱。体育教育应该坚信真诚永远大于技巧的原则。教师对学生全心全意地付出，相信终有一天学生能感觉得到，进而向好的方向转变。苏联学者苏霍姆林斯基多次谆谆告诫教育者，不能让学生那种"成为一个好人"的愿望的火花熄灭。

（四）重视道德培养，教育学生做人

大学时期是学生从学校走向社会的转折时期。那么对于一个高素质的体育教师来说，培养学生良好的体育道德也是体育教学的重要任务。古今中外伟大的教育家、思想家都认为体育教学不仅要提高学生的身体素质，更应注重对学生进行精神教育和道德教育。以奥运会为例，奥运最重要的不是比赛的名次和奖牌的数量，而是全世界人民之间的友爱和人类在奥运场上一次又一次的自我挑战。良好的体育道德才是体育事业得以兴盛的因素，人们也终将受益于此。

（五）转变教育理念，倡导合作学习

现阶段，我国很多高校大力推行教育改革，体育教学也在其中，"合作学习"便是体育教学改革的一项重要内容。合作学习就是要营造一种"在合作中竞争，在竞争中合作""在乐中求学，在学中取乐"的全新学习氛围，它符合素质教育的最新要求。合作学习可以培养学生的主体性意识，激发学生创新和成功的意识，培养学生的责任感和合作精神，因此它是一种愉快的体育教学方法。它还有利于形成师生之间相互尊重、相互配合、相互理解的良好氛围。

综上所述，体育教学的最终目的是帮助学生塑造健康的道德品格，发展学生的综合素质，使之成为满足社会需要的栋梁之材。所以，体育教育工作者一定要倾注全部的爱心、力量和智慧于教育之中。

三、高校体育教学中实施培智教育的有效途径

（一）体育与智育相互联系，对人的全面发展具有重要意义

马克思曾说过："我们把劳动力或劳动能力，理解为人的身体即活的人体中存在的、每当人生产某种使用价值时就能运用的体力和智力的总和。"从马克思这一政治经济学观点中，我们可以看到他对人的全面发展的定义，那就是对体力劳动和脑力劳动都能运用自如的人才算得上是一个合格的全面发展的人。由此可见，人的全面发展的本质特征应该是涉及各个方面的，但最基础的当属体力和智力的发展。因为对于任何一个社会个体而言，无论你从事哪种社会活动，最后都需要手脑并用才能完成。任何只单纯依靠体力或者脑力的劳动都是不存在的，这也是人之所以是人而不是动物的决定性因素。只有使二者有机结合起来，运用到具体的社会实践之中，人才能获得全面发展，而且人的发展最终也会反作用于体力和智力的发展。马克思和恩格斯不仅揭示了人类自身发展是片面向全面发展的客观规律，而且详尽地阐述了人全面发展的本质特征和

真正含义。

（二）体力与智力发展并进

纵观世界，不管东方还是西方，教育的目的就是育人成才，克服人自身的不足，进一步发展人的体力和智力，使人趋于完善。智力是人对客观事物的自我认知和运用已储备的知识解决现实问题的能力。通常情况下，人们常说的智力主要包含观察、想象、注意、记忆、思维、分析、判断等一系列心理内容。首先，智力的发展离不开它赖以生存的土壤——大脑，大脑为它提供生存的土壤并源源不断地供应其营养。其次，智力的发展离不开社会实践活动，没有深入社会实践活动中，人是不可能获得超越常人的智力的。在现实生活中，我们熟知的伟大人物都是经历过人生的历练才成长起来的。当然，伟大的人物并不一定都是外表威武强壮的，他们中也不乏有瘦弱矮小的心灵巨人。由此可见，智力和体力并不一定是成正比的。于是，有一些人就开始把智力和体力对立起来，重文轻体和重体轻文是其中最常见的两种错误思想。居里夫人说过："科学的基础是健康的身体。"古今中外许多做出丰功伟绩的英雄人物，其才能不仅表现在智慧上，也表现在顽强拼搏和舍己忘我的精神上，他们还很注重身体的健康。为了实现强国富民，我们不仅需要储备大量的科技人才，还应该大力发展一批优秀的体育人才，尤其是发展一批文武双全的人才。

（三）体育锻炼能促进智力发展

受传统观念的束缚，长期以来，体育教学一直不受重视。很多学校注重学生的文化课成绩，对于体育成绩持忽略态度，甚至有些把体育运动看作胡蹦乱跳的体力活动。显然，这是人们对体育运动的误解。体育运动除了能够发展人的体力外，还能发展人的智力。清华大学的一位学生曾做过这样的实验：他一改往日学习 8 小时的习惯，每天从 8 小时里抽出 1 小时进行体育活动。经过一段时间的实验，他得出结论："7 小时的学习 + 1 小时的锻炼 >8 小时的学习"。这就是著名的"8 — 1>8"理论。由此可见，体育锻炼对开发人的智力有着非常重要的意义。众所周知，人的智力水平可以通过如记忆能力、思维能力、想象能力、判断能力等表现出来，并且大脑为这些心理过程提供了物质条件和营养补充。那么大脑是如何产生记忆、思维、想象和判断的呢？这也是现代生命科学的研究方向。

健康的身体为智力的发展奠定了坚实的物质基础。有实验表明，经常参加体育锻炼能增强人的体质，增加大脑的重量和皮层的厚度。实验者用老鼠做实验。老鼠被分为两组，一组被关在小笼子中，限制其在里面运动，另一组被关在大笼子中，让其自由运动。一段时间过后，对它们的大脑重量和皮层厚度进行测量，结果表明经常运动的老鼠大脑皮层厚，大脑重量重，脑细胞树突明显且密集。这也验证了体育运动能强身健体、开发大脑这一科学论断。

大脑是人体的司令部，是人体的总指挥部。经过漫长的历史岁月，人脑逐渐从动物那并不发达的大脑进化成智能化的人体大脑。人体大脑像饱经岁月沧桑的老人的脸，颜色发灰，褶皱遍布。大脑的主要构成单位是大脑细胞，大脑中约有 140 亿个脑细胞，其中 92 亿个集中在大脑的表层。脑细胞就像是一台电子计算机，有着接收信息、储存信息、传递信息的功能。

众所周知，电子计算机内有几十万个电子元件，且体积庞大。而人脑所拥有的脑细胞要比电子计算机多 1 万倍左右，但是体积却比它小得多。由此可见，人脑构造是多么精密与复杂。人脑的工作需要充足的氧气和营养供给，就像电子计算机工作需要能源支持一样。这就需要我们进行充足的体育运动锻炼，来确保能量源源不断地供给大脑。

调查研究表明，经常参加体育运动的人，大脑神经细胞反应速度较快，表现在外在物质器官上就是视觉、听觉比较敏锐。国外也有学者指出，一个人的思考速度和反应速度直接反映着他大脑细胞的反应速度。大脑最大的应用就是可以对接收的信息进行加工、整理和编程，传输给下一次应用。从大脑的生理学角度分析，左右两个半脑分工明确。右半脑主要负责情感和意志，左半脑主要负责推理和思维。例如，在进行创造性思维时，左半脑起着决定性的作用，而在进行情感体验和文学创作时，右半脑起着决定性的作用。对于体育运动而言，它同时开发左右两个半脑，激发大脑的无限潜能，促进智力的跨越式发展。

（四）体育锻炼可促进健康

科学、合理的体育运动不但可以帮助人们强身健体，还可以促进其智力开发。但是，这并不等同于在体力发展的同时智力一定会跟着发展，二者之间有着本质区别。体力的发展必将为智力的发展提供一片沃土，并为其供给营养，这一点是毋庸置疑的。体力要最终转化为智力还需要一个磨炼的过程，这期间需要调动大脑的多种思维细胞，在挑战过程中发现规律，将体力内化为智力。如果把大脑比作一把刀的话，那么用大脑思考就像是在磨刀，大脑要像刀一样多磨，才会变得更加锋利。

第三节　寓美于体

一、高校体育教学美理论初探

20世纪80年代初，体育教学美成为一门独立的研究学科。体育教学美理论研究范围广泛，主要涉及体育教学美的定义、理念和主要分类等。但是，具体到现实的实践阶段时，大家的认识仍然存在诸多问题，归根结底，还是对体育教学美的认知不够深入和彻底。表面上，体育教学虽然看似形式单一，毫无美感可言，但这其实是对体育教学的一种误解。体育教学中美的创造和体现无处不在，只是我们还没有用心去挖掘。所以，体育教学美研究学科的诞生可以帮助体育教师对体育教学美有更深入的了解和认识。

（一）体育教学美的定义

体育教学外在表现为身体的运动状态，内在表现为对人体的各种塑造。若套用形式逻辑学中的定义概念模式"定义项＝种差＋属概念"的话，那么关于体育教学美的思考，可以定位在"种差'体育教学'"和"属概念'美'"上。体育教学存在于整个学校教学之中，是学校教学的一个重要部分。体育教学是一个以体育教师的引导为主的教育过程。学生由于生理和心理还不太成熟，因此需要在体育教师的正确引导下提高自己的兴趣，使自己融入体育教学之中，在体育教学中主动学习各种体育技能，最终使自己的身体、道德素养和智力都得到发展。

作为哲学和美学重点讨论的话题——美的本质的理解，马克思在他的代表作品《1844年经济学哲学手稿》中重点对其进行了解释。马克思认为，"劳动创造了美""人在他所创造的世界中直观自身"。由此可以得知，美的本质其实就是"人的本质力量对象化的感性显现"。紧随其后的实践派李泽厚继承并发展了马克思关于美的本质的观点。他认为，美是在人类的劳动生产实践过程当中产生的，此观点与马克思的观点有异曲同工之妙。美学，究其实质，其实属于哲学范畴，它的目的就是引发主体享受美的体验。当然，美的形态有很多种类。如果按照领域标准来划分的话，美主要可以分为艺术美和现实美。如果按照性质标准来划分的话，美主要可以分为形象性的美、创造性的美和情感性的美。在这三类美当中，创造性决定着美的生命进度。所以，在体育教学进程中，如果想让学生更多地感受到体育教学的美，那么教师应该在教学方式方法上进行创新，只有教师创造性地将审美与知识巧妙地融合起来，才能永葆体育教学美的青春与魅力。

（二）理解体育教学美的三种视角

1. 体育教学美的手段论：以美育体

以美育体，简而言之，就是充分挖掘体育深层次的美育因子，把学生引向对体育美的感知、欣赏和享受阶段。体育美可以激发学生的学习兴趣，让学生在掌握体育美的同时，将其内化到自身，拥有自身特色的运动美和健康美。这也为将来学生学习体育技能和进行终身体育锻炼打下坚实的基础。

在传统"三基"体育教学模式和教学目标的影响下，教师更加注重对体育教学中外在形式美的追求。他们希望通过教学让学生展现出健康的体态，带给人们美的享受。例如，教师可以从造型美、仪表美、语言美、示范美、精神面貌美和技巧美等方面加大美育教学的力度。这些美的因子可以以不同的顺序进行排列组合，创造出更多新形式的组合美，以此来激发学生对体育运动的兴趣，使其积极投入到体育教学过程之中，让学生在饶有兴趣的体育学习之余，也使自己获得更美的享受。

2. 体育教学美的目标论：以美育人

以美育人，实际上就是要以美作为体育教学的目标，相对于以美为手段的体育教学美而言，这显然更具有导向作用。因为把美作为教学目标的话，其中必然包括把美作为手段去应用，但是它又不仅仅作为手段而存在，它具有超越性，直接指明了体育教学的最终目的就是以美育人。以美育人旨在发展学生的身心健康，因而以美育人更能发展学生的个性美。

强健的体魄为精神的发展提供了坚实的基础和无限的可能。从这种意义上来讲，体育美学保障了学生的身心健康。它既能为有限的生命提高体力、增强体质等，又能促使无限的精神领域实现质的飞跃。体育美学不再把内容限定在发展学生的身体美、运动美的狭隘领域，而是向前迈进了一大步，它更加注重发展学生的个性美，使体育教学完成了从教授技、战术转向发展学生个性的质的蜕变。当然，这种质的蜕变并不是说可以弃技能和健康于不顾，只是一味地去注重发展精神领域。而是我们要端正态度，在发展精神领域、实现个性美的同时，不应该忽视发展学生的技能和体质，要在这些基本的物质基础上大力发展精神世界领域，从方法到目标都应该实现美的教育。

自国务院颁布《全民健身计划纲要》之后，我国体育教学的目标逐渐拓宽到了生理、心理和社会适应三个方向，成为育人的新型综合目标。所以在接下来的育人过程中，需要将育心与育体结合起来，将主体需要与社会需要结合起来，将增强学生体质与终身体育意识结合起来，使得教育从对学生体质和运动技能等"有形"的关注，逐渐转向对社会适应、心理健康等"无形"的关注，尊重学生的主体地位，促进学生的全面发展。在体育教学美的教育下，学生能获得一场享受美的视觉盛宴和情感体验，进而丰富情感和完善人格。

3. 体育教学美的过程论：美的享受

体育教学的美可以直观地体现在肢体语言、色彩、线条、动作等载体上。它既不像其他学科那样需要说理式的教育，也不像其他学科那样进行表象式的教育，它是二者的有机融合。所以体育教学美的过程是一种享受美的过程，是对真的把握和对善的追求的生动过程，它是体育教学设计者经过思考后的再创造过程，它是教师用各种教学组织方式和手段使得原本枯燥单一的动作技能学习变得情感味十足的过程，它是教师凭借自身魅力使学生向其靠拢的过程。体育教学美最大的特点是直观感性的，它需要借助动作、形体、空间、移动等载体来传递，只有把体育教学美不再当作课堂点缀，始终如一地将其贯穿于体育课堂教学的始末，才能最终促进学生的全面发展。

运动的整个过程体现为运动的形式、运动的状态、运动的方式和运动的过程等。运动中达到极致的人体美，运动的形式融入了节律与和谐；动作的结构蕴含着力的最小化与做功最大化的美；运动过程中的人自由支配身体，自我表现精神美……由此可见，体育教学与美的关系非常紧密，二者不可分割。因此，学生不仅要以强身健体为目标，还应该把美融入体育学习之中，做到健中有美、动中有美，让自己享受美。就教学内容而言，教师要充分挖掘体育教学理论和实践中各种美的要素，尤其是美感丰富的运动项目，如健美操、艺术体操、体育舞蹈、花样游泳、花样滑冰等，让学生在学习优美的肢体动作之余，深入理解肢体动作的内涵特征，让自己的身体在这种美的熏陶下获得释放。就教学方法而言，教师要在教与学的过程中，广泛借鉴美育的各种方法，尽一切可能地创造各种审美要素，提升学生的学习效果和审美能力。

（三）体育教学美的理念高度：生命关怀

体育教学美的最终目标就是把教学目标提升到生命关怀的高度。古今中外，伟大的教育家、思想家都提出过人文关怀的主张。中国先秦道家的代表之一老子把"道法自然，自然无为"的自然生命精神融入修身养性中，主张着一种质朴的"生"的精神。西方学者杜威立足于体育教学自身"生长"特性的教育思想，认为体育教学就是遵循人的本性，让学生自由地探索，自由地创造，实现自我，成为全面发展的人。苏联学者苏霍姆林斯基认为"学校里最基本的科目应该是人学"。所以，体育教学应充分尊重人性的发展，通过体育教学这一途径，促进人的生命意义趋向完整。体育教学美帮助学生养成良好的身体素质和体格，让学生理解美的真正内涵，掌握审美技能。

在体育教学美的指引下，体育教学实现了从教师预先设计目标转向学生主动建构美的蜕变，这个蜕变的过程实际上是学生探索、发现、解决问题的主体生命行为过程。教学内容也因此一改之前的被动、权威、死板等，变成了一个需要再理解、再创造的鲜活个体，它需要主体对象对其进行情感灌溉，使其拥有生命价值。所以，体育课程的设计者和参与者需要积极调动自己的情感，使体育教学富有生命色彩。

现代的体育课堂，对于体育教师而言，应该是实现生命价值、建立生命家园、体验生命激情的乐土。对于学生而言，它应该是焕发生命活力、充满生命律动、舒展生命张力的天堂。

从体育教学美出发，体育教学的过程应该是教师与学生之间、学生与学生之间相互交融和相互契合的过程，在此过程中，师生的生命价值与活力得以尽情展现。

（四）实现体育教学美理念的难点：情感关怀

苏联教育家赞可夫说过："教学方法一旦触及学生的情绪和意志领域，触及学生的精神需要，便能发挥高度有效的作用。"可见情感之于体育教学的重要意义。因此，在体育教学中，如何运用情感成为体育教师亟待解决的重要难题。如果体育教师能够把自己的情感恰当适宜地注入体育教学中，必将起到营造体育课堂教学氛围、美化体育课堂教学情境的功效。

体育教师可以通过表情、言语、示范动作等，将自己的情感传递给学生，让他们感受到情感关怀。

体育运动过程是一个可以帮助学生活跃大脑、开发情感的过程。在此过程中，师生之间情感共鸣，共同产生愉悦、舒适的情感体验。

运动和感知之间有着某种特殊的联系。正常情况下，在运动的过程中，人的感知会变得相对较弱。虽然我们不能强求既能体验运动，又能感知万物，但是我们可以从运动过程中的某一具体事物出发，将想象与现实相结合，以此来拓展我们的情感空间。当然，情感关怀除包含快乐、愉悦等内容外，还应涵盖紧张、焦虑、忍耐、痛苦等内容。只有充分重视体育教学中有可能发生的各种情感，才能让学生在面对突发状况时积极应对，最终促进体育教学效率的提高。

（五）体育教学美的分层与演进

体育教学美隶属于教学实践活动范畴，它与体育教师的体育价值观念、教学思想、体育审美情趣紧密相连。体育教学美不单单体现在体育教学形式上，它更体现在体育教学思想上。体育教学美的外在表现形式是技能技巧方面，内在表现形式则是其先进的教学思想。只有形神兼备的体育教学才能达到真正的体育教学美。而体育教学美则必须通过不断的创新和重组，才能发挥其陶冶、愉悦、和谐的作用。

1. 初级追求：美的方法

体育教学追求美的方法是多种多样的。有的是教师在教学实践中积累、总结出来的，有的是直接借用其他学科的教学方法。当然，无论采用直接的方法还是间接的方法，当它以娴熟的教学技巧展现在体育教学课堂时，它无疑就是美的，也是体育教学美的重要构成要素。

第一，设计美教学。体育教师如果多了解学生的心理需要和审美需要，在学生需要的基础上设计体育教学环节，可以对提高教学质量起到事半功倍的教学效果。

第二，语言美教学。语言属于体育教师基本教学能力的范畴。体育教师的语言美也是体育教学美的一种表现形式。古人云："师者，所以传道授业解惑也。"这也揭示了教师的职业特征和目标。而在传道、授业、解惑的整个过程中，语言教学是不可或缺的要素之一。所以，体育教师的语言应当简单明了，逻辑性强，情感丰富。体育教师只有在语言上做足功课，才能成功吸引学生的注意力，开启学生想听、爱听的第一步，无形中达成语言美的体育教学目标。倘若体育教学中没有语言美的话，那么后面的体育教学美也就举步维艰了。

第三，形式美教学。体育教学的形式美突出表现在队列设计上，这已成为引导学生练习的重要手段之一。在教学中可用一些图像器材刺激学生的感官，激发学生的兴趣。当然，教学内容不同，队列图形也不尽相同，这需要体育教师在体育教学过程中灵活掌握和运用。例如，体育教师在武术教学时，可以采用太极队列进行教学；健美操教学时，可以采用圆形队列进行教学；田径教学时，可以采用方形队列进行教学。在不同教学内容中采用不同的队列队形，学生觉得新鲜，可以增加学习体育知识的乐趣，带来美的享受。

第四，示范美教学。体育教师是学生学习的榜样和楷模，所以体育教师的示范显得尤为重要。体育教师熟练的技术、优美的动作、强壮的体格，都可以成为学生模仿的对象。

2. 终极追求：美的心理体验

在体育技能学习过程中教师对学生练习的动作或比赛的欣赏，可以引起学生对体育技能、技术学习的兴趣，激发学生的求知欲望，从而达到美的自我心理体验，使其积极主动地投入学习。学生一旦主动、自觉地学习，就可以亲自看到学习进步的速度和学习成果，在学习过程中体会到战胜自我的快感。学生通过对自己的表现做出积极中肯的自我评价，不断自我激励，增加自信心，使未来的学习过程充满正能量，用积极的态度迎接将来的各种挑战。教师应引导学生学会自我欣赏，教会学生排除干扰，把精力集中在技能技术的钻研、模仿、比较、形成、提高上，形成清晰的运动表象。学生对自己体育美的正确欣赏和中肯评价会激发大量的情感，学习的积极性、满足感和自豪感也会接踵而至，最终超越自我。

在体育美的教育过程中，仅有学生的自我欣赏是不够的，还应欣赏他人。欣赏他人包括欣赏老师、欣赏同学和欣赏高水平运动员等。通过借助他人的力量来丰富自己的感性认识，提高自己的理性认识，这也就是所谓的"美的他人欣赏"。为了激励自己的运动技能水平达到一个新的高度，学生可以把优秀运动员的完美技艺视为自己将来要努力的方向，进而端正学习动机，激发无限潜能。对于一场体育比赛来说，最受关注的莫过于教练员、运动员和裁判员了。因此他们也可以被视为重要的欣赏对象。教练员沉着冷静地欣赏着赛场上每一位运动员的表现，对他们进行及时的反思与总结，并帮助运动员端正心态；运动员胜不骄败不馁，在比赛中不求超越别人，只求超越自己，顽强拼搏，自强不息，尊重对手，尊重裁判，积极履行体育职责，践行体育精神；裁判员公正执法，严于律己，公平对待每一位选手，认真观察每一个比赛细节等。通过对这些教练员、运动员和裁判员的欣赏，学生可以领会体育精神，进而提高体育兴趣。仅从这个角度来看的话，体育教学所带给学生的欣赏内容是体育比赛无法比拟的。

3. 高级追求：美的创造性教学

美之所以为美，就是因为其具有自由创造性这一精髓。同样，创造性也是体育教学美的一大特点，因为美的教学在于创造，最忌模式化。黑格尔认为："审美带有令人解放的性质，为人的自由发展开辟通向未来的道路。"教学可以不断警醒学生大脑中的理性法则，让沉睡于个体生命的社会规范不断苏醒过来，让生命具有无限可能性。

体育美教学是以切合实际审美的要求和明确的审美目标为导向的。这就对体育教师自身的美学素养提出了高层次的要求。体育教师要想实现体育教学美，就要勇于打破常规思维，随机应变地处理教材内容，促进教学美的产生和发展。转换思路，变通思维，带动学生参与教与学的全过程是每一位体育教师应有的态度。体育教师要想实现体育教学美，就要学会打破体育课程标准的层层束缚，将教学内容重新进行排列组合，融入新的特色内容，填补教学空白，创造出一个又一个让人记忆犹新的教学环节，使体育教学美展现得淋漓尽致。在体育教学过程中，体育教师要善于把身边的感性材料和艺术形式引入体育教学中，焕发体育教学新的活力，以便吸引学生，帮助学生理解所学知识。在亲和的同学关系、师生关系中，师生共同体验美、享受美、憧憬美。

4. 终极追求：追求体育教学美的精神

"成人""为人""完人"是现代体育教学美活动的全过程，促进人的美的精神成长，精神的自由一旦丧失，就意味着"为人"的自由被遏止。所以，学会和追求体育教学的美学精神自由应该成为体育教学的重要目标。

人类之所以创造体育，其目的在于人们想通过体育感受人生，愉悦生命，享受生活，进而寻求美、创造美、提升美，以获得精神世界的享受。在追求体育教学美的时候，学生应该掌握相应的运动技能。人只有在自由支配身体的基础上，才能获得自由支配精神的可能。体育美的精神并不只是单纯地满足某种生理的需要或某种身体本能，更主要的是能够带给人们一种精神享受，这种享受是普遍的、永恒的、深刻的。美不仅有利于陶冶人的情操，增强人生信念，鼓舞人的斗志，弘扬人性，文明净化社会，还有利于我们看清未来，憧憬未来。通过体育教学，学生能够捕捉到体育情感想象、生命关怀等符号，带着发现美的眼睛去看待整个世界。

二、高校体育教学中美的体现与价值

（一）高校体育教学中美的体现

体育课程是大学生的必修课程，计入学分范围，体育成绩也是学生完成学业的考核标准之一。由此可见，体育课程并不是可有可无的，它已经成为教书育人的重要手段。现代体育教学不仅要以提高学生的身体素质为己任，还应以发展学生的身心健康为标准。教师在进行教学的同时，也在本学科的领域展示和探索特征美。而高校体育教师则是这种任务的主要执行者。那么，时常困扰体育教师的一些问题是："体育教师职业美吗？体育教师职业具有吸引从业者的魅力吗？"这些问题不仅值得社会各界深思，而且要求每一位从业者做出理性的回答。可以说，对这些问题的认识直接影响着体育教师对自己所从事职业的价值判断和行为选择，并最终决定着体育教师的职业态度、工作业绩与生命质量。那么就"美"而言，美在何处？归纳历史上各种观念，大体上可分为三类：一为客观论——"美在物"，二为主观论——"美在人"，三为辩证法的观点——"美在物与人的关系"。

（二）学科的美

1.体育学科教学蕴含着真、善、美

自古以来，体育运动就是人类社会不可或缺的活动之一，与人类的生产和生活息息相关。体育活动富含丰富多彩的审美因素，是审美的一个特殊领域。如今，各种思想倾向于关注自然、身体和社会制度等，很多学者更看重人体自身的美学因素。人们对体育运动中美的好奇与解密可以体现在人们对瑜伽、太极、禅等东方文化思想的极大兴趣和强烈推崇上。究其实质，体育教学只是体育这个庞大家族中一个细小的分支而已。

现代体育教学的目的是培养学生德、智、体、美全面发展。众所周知，教学的使命就是要向学生揭示人间的真、善、美，教会学生运用规律进行创造。体育教学可以为学生将来登上世界大舞台奠定坚实的基础，增添生活的勇气和底蕴。这就要求体育教师不仅自身要提升真、善、美的素养，还要对学生求真、向善、趋美起到示范作用。这是体育教师必须肩负的重要职责。具体来讲，体育教师的"真"，主要体现为教学活动要符合学生的身心发展规律，教学内容要符合科学性，知识技能与心理逻辑要相统一；体育教师的"善"，主要体现为教师身体力行地为学生树立道德榜样，融情感教育于教学之中；体育教师的"美"，主要体现为教学过程形象生动、教学活动丰富精彩、教学互动愉悦和谐。

夏夫兹博里说："凡是美的都是和谐的和比例合度的，凡是和谐的和比例合度的就是真的，凡是既美又真的也就在结果上是愉快和善的。"就体育而言，它在教授课程中展示出的各种动作形态、比赛时规定的各种规则条例、动作的起源和发展等无不是对体育美的演绎。从体育动作的学习过程中，我们可以感到美。人们通过体育的动作美去探究运动的本质规律，这就是在追求所谓的真。由此可知，体育的真、善、美和人类的真、善、美是息息相关的。所以教师学科教学的重要任务是以美引真、以美储善，这也是对体育工作者的职业要求。

2.体育学科教学体现着感性的美

使学生掌握系统的体育理论、卫生保健和具体的锻炼常识，以实践的内容为志趣，是体育教学的出发点。教师不仅要增强学生的身体素质，更要培养学生进行终生锻炼的好习惯。体育教学内容既要包含体育教学理论，还要包含体育教学实践。这其中涉及人体解剖学、营养学、生理学、力学、卫生学、化学知识、运动技能等。如果体育

教学一直用单一枯燥的教学模式，学生不可能对体育有正确的感知。体育学科的教学也不可能脱离一定的形式而单独存在，它总是需要在某种特定情境下、在体育教师的指导下进行。所以，此时教师各种清晰的语言、生动的表情、形象的教具、准确优美的动作示范等感性形式显得尤为重要，它使整个体育教学过程极具感染力。如果抛开这些情感因素，只谈体育教学，真不知体育教学该如何继续下去。感性，作为"美"的基本存在形式之一，它不仅是师生主客体之间相互作用的桥梁，还是教学得以继续的决定性条件。可以这么说，没有感性参与的教学，是不完整的教学。体育教学过程不可避免地会接触到大量的形象动作，而美的传递又需要有感染力的形象动作作为载体。所以，体育教师可以抓住此契机，利用体育教学独有的特点对学生进行美学教育。教师在体育教学知识讲解中可以适当融入一些美学基础知识，让学生得到美的体验和熏陶。体育教师可以将美融入语言讲解、动作示范、教学方法、教学手段、场地器材的布置中。体育审美教育的特点主要有以下四点：第一，形象示范性。通过鲜明的形象示范来启发和熏陶受教育者。第二，方式自由性。随时随地都可以进入情境教学中，灵活自由。第三，情感陶冶性。美德教育最终是帮助学生陶冶情操，获得美的享受。第四，效应持久性。它不是稍纵即逝的，而是深刻持久的，影响审美层次和审美境界。

总之，体育学科教学的美是与学科自身共存共荣的，二者息息相关。无论是教学中感性形式的运用，还是学科教学中真、善、美的良性启发，都能体现出体育教师的职业美。

（三）过程的美

体育教学的过程是发展变化而不是凝固僵滞的，体育教师的职业活动是在教育过程中进行的。"过程"二字就足以表明体育教学自身的特性——动态性和开放性，体育教学的过程伴随着教育情景和教育手段的改变而改变，也伴随着教育对象和教育内容的变化而变化。这就决定了体育教师职业的与众不同——动态效果明显，换言之，体育教师职业将一直处于变化中，带有不确定的神秘色彩。也正因为如此，体育教学过程的这种动态美阐述了体育教师职业美的基本内涵。

1. 对知识的活化

古语云："师者，所以传道授业解惑也。"所以，有人认为教育意味着教学，教学意味着知识。作为教师，一项重要的职责就是向学生传授人类千百年来积累下来的文化理论和实践，武装他们的头脑，促进他们的身心平衡、健康、和谐的发展，进而让他们用健康的身体和智慧的大脑为祖国、为社会贡献自己的力量。当然，对于体育教师而言，体育教师的教育过程首先是一个引导学生的过程，它首先要求教师自身要对体育专业的知识了解透彻，灵活运用，才能为帮助学生学会相关的理论知识和运动技能打下扎实的基础。只有在熟练掌握基础上的运用才能游刃有余，教师也能因此"一心多用"，将有限的时间恰到好处地分割成几部分：教授专业知识和技能，掌握学生学习动态，了解教学进度等。除了对本专业学科有足够的了解之外，体育教师还应广泛涉及其他知识，只有以雄厚的知识储备做基础，知识的灵活运用和迁移学习才能变得有的放矢。除此之外，体育教师还应该对该体育运动项目的发展趋势有所了解和预测，教会学生用发展的观点看待现实生活中面临的实际问题，理论与实践相结合，并应用于未来。

知识的活化还应包括教师对学科认识论、方法论的传授，让学生学会学习才是王道。当然，这一切都是建立在教师丰富的知识文化底蕴基础上的。能使知识在教学中不再单调乏味、一成不变，能在科学体系中对自己讲授的学科有清楚的认知，能在体育教学中展示知识本身所蕴含的无限生命力，能在教学中真正实现理论与实践、科学精神与人文精神的统一，能把知识活化，这些才是每一位体育教师应尽的职责。只有这样，教育过程才能扫掉尘埃，露出钻石；洗掉泥沙，露出珍珠，最终还原其本真面目，这也是教育的真正价值和意义所在。

2. 教育过程中师生经验的分享

教师与学生、学生与学生之间的关系是教学过程中的主要关系，这种关系是双向的。尽管学生与教师在教学过程中所扮演的角色不尽相同，但都在教育活动中扮演着重要的角色。离开了教师的学生和离开了学生的教师，都不能构成完整的体育教学活动。只有教师和学生二者共存于体育教学之中，才能构成完整的体育教学过程。其中，不仅学生和教师之间关系紧密，学生和学生之间的关系也密切相连。因为体育教育过程同大多学科的教育过程一样，都是师生交流、共同促进提高的过程。

在教育过程中师生经验的分享主要指教师和学生互换位置，进行教育和运动中所获得的认识、情感等的"换位"体验。分享需要极强的包容性，其主要包括以下两方面的内容：一是"共同创造"。创造被视为人的优秀能力的表现，被视为制造世界中前所未有的事物的力量，它预示着人的无限可能，最终产生最大的享受。也正因为如此，体育教学过程中最有意义的地方就是师生可以共同创造。二是"教学相长"。按照常规思维，体育教学过程就是一个"教师教"与"学生学"的过程。体育教师在整个体育教学过程中占据主导地位，而学生在整个体育教学过程中占据主体地位。学生在体育课堂中的主要目的就是从体育教师身上获得一切可以获得的知识，其中包括体育运动技能和思想品格等。"弟子不必不如师，师不必贤于弟子"，充分验证了师生关系在某种情况下是可以相互转换的。教师其实也是芸芸众生之一，他们不可能在自己有限的生命里熟知各个领域、各个学科的各种知识。他们有时候也需要从学生身上受到启发，给自己的知识注入新鲜血液。在体育课堂教学中，体育教师与学生思想碰撞、灵感大发的情况也是时有发生的。这才是真正意义上的师生互动，师生双方发自内心的肯定、学习与相互欣赏，教师与学生进行平等的对话与交流，双方共同进步。在这样的良性循环过程中，师生互惠共赢，共同向前。

在体育教育过程中，体育教师有着主动性和被动性的双重属性。一方面，体育教师受教育规律和客观因素的制约，不能随心所欲；与此同时，还可以在既定的范围内最大限度地动用各种主观因素和有利条件，为己所用。这就是所谓的创造过程，其中包含教师对教材、教法、学生的创造，也包含学生对自己的创造过程。学生对自己的创造过程不仅体现在他在教师引导下对知识的选择、消化和重组，还体现在他运用所学知识来解决面临的现实问题。学生自我创造的过程实质上是一个体验快乐、发展快乐、享受快乐的过程。此外，师生彼此之间的创造又是相互影响、相互促进的。在创造过程中，他们从对方身上吸取经验教训，在这些经验教训的基础上重新出发。有了高起点的创造，再加上自身积极主动的心态，相信成功就在脚下。于是，教育过程便完成了从单向的、静态的向双向的交流和动态的建构的转变。这一切无不在传达人类对生活的感受和体验。

与其他学科教学一样，体育学科教学中同样包含丰富的审美教育和美学教育，这就要求体育教师在体育教学过程中从美的本质出发。体育教学美首先要以教育的美为基础，真正发现和运用体育的独到之美，在体育教学中尽可能地用审美的眼光，发现美的原则，创造美的态度，向学生展示体育教学美。

（四）高校体育教学中美的价值

1. 体育美有利于唤起学生的主体意识

体育美教育有一个基础观点，就是首先要健康，然后才是美丽，美丽要建立在健康的基础上。人们通过科学的体育锻炼能够有效地调节五脏六腑，促进血液循环，进而防病治病。

体育美教育要让学生知道，健康的身体才是学生精神焕发的保障。健康是生命的源泉，没有健康，生命也就无从谈起。通过科学的体育锻炼人们会获得更多的氧量和营养，促进血液循环，加速细胞新陈代谢，从而使面容光泽、有弹性，延缓衰老，保持青春活力。良好的体态在一定程度上决定了人们的气质、风度和魅力，因而它也成为人们竞相追逐的对象，而体育锻炼则是获得良好体态的最佳选择。如果学生想要获得形态美，那么坚持进行体育锻炼会是一个不错的选择。体育美教育有助于学生对体育课程有全方位的了解，对体育课程内涵有深层次的挖掘，激发起强烈的学习兴趣，从而积极主动地参与体育锻炼，使之成为生命中不可或缺的一部分，为终身体育事业奠定坚实的基础。

2. 体育美的教育有利于增进学生心理健康

体育运动在给学生带来美的享受、美的体验之余，还能帮助学生得到精神上的解放，用积极的心态去迎接挑战、面对世界，进而有利于他们的身心健康发展。学生在欣赏体育美和创造体育美之余，也学会了遵守规则的优良品质和追求高尚美的体育行为，通过运动领会团结协作、尊重他人的体育精神。

3. 体育美的教育有利于培养和教育学生树立社会意识

从我国优秀的体育健儿身上，我们不难发现某些共同的特质，那就是顽强拼搏、刻苦训练、聪慧过人、道德高尚……他们的存在，让我国的体育事业得以进一步发展，民族精神得以彰显。他们的精神、行为和事迹激发了我们爱祖国、爱人民的热情，学生在学习体育之余树立强烈的社会责任感、社会意识，并将其外化在体育学习的行为上。

体育教学过程中，体育教师起着引导作用，是体育美的主要传播者。所以，体育教师自身素质的高低将在一定程度上影响体育教育美的传授。以体育教师渊博的知识为基础、高尚的道德情操为保障、良好的思想修养为根基、高超的技巧和体能为储备、较强的工作能力为依托，才能激发学生感知美、创造美、鉴赏美、评价美的能力，使学生的体育与美育有机结合，让学生在体育课程中受到美的熏陶。

体育教学中体育美无处不在。如果体育教师能够细心观察，发现这些美的因素，并最终把它们运用于体育教学过程，用体育自身独特的魅力去征服学生，激发学生体育锻炼的兴趣，就能使学生走出美的误区，形成借助科学的体育锻炼塑造健康美、形体美、姿态美、心灵美等的正确价值观。寓美于体育教学中，有利于学生主体意识的回归，促进学生的心理健康，树立学生的社会意识。

三、美在高校操类教学中的合理运用

健美操已经成为当今社会人们健身、休闲、娱乐的重要体育运动项目，它之所以能够在短短的 20 多年里走进人们的生活，改善和愉悦人们的生活，深受人们的喜爱，与当今社会人们对美和美好生活的无限追求息息相关，也与健美操自身深厚的美学基础、符合人们审美心理需求的特性密不可分。进入 21 世纪，健美操活动已席卷全国的各大城市，深入各个社区和校园，尤其是伴随着全民健身活动的进一步开展，健美操以其独特的魅力和功效，深受人们喜爱。围绕健美操开展的各项活动也越来越多、越来越流行，如规模盛大的高水平的全国健美操锦标赛和大学生健美操比赛、迅速发展的各种形式的健身俱乐部、各种聚会和晚会中的健美操表演等。

（一）健美操运动的美学原理

美的基本形式主要表现为整齐、对称、比例、均衡、对比、和谐、层次、节奏、多样统一等方面，为健美操创编者提供了基本的美学理论。

由健美操的定义可知，健美操有三个方面的含义：第一，健美操是以裁判员依据规则评分为主的体育运动项目，这决定了健美操创造美要遵循体育美学的标准和要求；第二，健美操同音乐、舞蹈等项目一样是以艺术表演为主的观赏性项目，这决定了健美操美的实现要遵循艺术美学、音乐美学以及人体装扮美学的基本要求；第三，健美操是以达到健身、健美和健心为目的的娱乐、观赏型体育项目，这说明健美操有达到塑造身体形态美、健康美的目的，并符合当今社会对美的追求，所以才能健康、稳定地向前发展。

从健美操概念的三个内涵中可以推测，健美操的美受体育美学、艺术美学、音乐美学、人体装扮美学、人体形态美学和当今社会人们的审美观等诸多方面美学理论的影响。我们应当根据各方面的美学原理，设计和创编出更符合人们对美的需求的技术动作和套路，将健美操的生命源泉进一步推动发展。

为此，在设计和创编健美操时应主要遵循以下几个方面的美学原理：

1. 体育美学中的"技术美"决定健美操运动技术的发展方向

（1）体育美学中的"技术美"。在体操运动项目中，凡是运动员创造出的新动作都以他的名字来命名，像"吊环李宁""月久空翻"等。这就进一步说明了技术既是人类向自然显示自身力量的过程，又是向自身挑战的过程，是人类本质力量的体现。这就是健美操运动技术美的重要源泉。

体育"技术美"主要通过"动作美"来表现。"动作美"是由身体姿势、轨迹、时间、速度、力量、节奏等因素组成的，是一种动态的美。人体运动是体育存在的方式，体育美必须通过优美、细腻、柔软、精巧、刚健、雄劲、明快、敏捷等各种人体动作及其组合来塑造美、创造美、表现美。"动作美"在体育美学中处于基础地位。"动作美"

的特点在于准确、干净、协调、连贯、节奏感强，给人一种完美、无懈可击的感觉。

应特别注意的是，运动技术的创新性是健美操运动技术美的源泉。

（2）体育美学中的"技术美"对健美操运动技术的设计与实现起着"导航"作用。健美操是现代体育项目的宠儿，在创编技术动作时应注意其每一个动作的构思，确保技术动作的创新性，以其技术动作的"难、新、美"来适应社会新的发展，进而满足人们对新的美的追求。健美操应根据体育美学的要求，创造自身特有的"技术美"，并在表演时展示出来。其具体要求如下：

1）"动作美"的设计与实现是健美操"技术美"的核心。动作优美是健美操"技术美"的关键。健美操是一项以美取胜的竞技项目，美是健美操的最高旨趣，要想做到"动作美"，基本动作必须标准、规范。根据健美操竞赛规则，运动员在比赛中必须完成一些特定的、不同类型的难度动作（如动力性力量、静力性力量、跳跃、踢腿、平衡、柔韧等）和具有健美操特色的操化动作及基本特性。这些特定动作的选择与完成，不仅是运动员技术动作能力的展示，而且表现了体育运动美的最高级形式。整套动作编排美观大方是夺冠的关键因素之一。

健美操"动作美"是通过个体或群体以形体运动的形式表现出来的。运动员要巧妙地协调运用训练有素的内力及柔韧性控制完成各种不同的身体姿势，表现出特别能具体体现健美操运动风格的造型美、柔软美、力量美、难度美以及新颖美等。同时，在完成成套动作的过程中单个动作的完美无缺、衔接动作的自然流畅以及适宜的动作幅度是健美操运动所特有的美学要求。例如，动态形式中表现空中变化的大跳成俯撑、空中转体成俯撑、单臂移动俯卧撑等，表现柔软的各种劈腿、劈叉和静态形式中大量的人体静态造型，如单臂分腿高直角支撑、"叠罗汉"等充分展示了运动员良好的身体素质。这些动作位置高低的变化、速度的变化、层次的变化、幅度的变化，共同构成了健美操所特有的一种风格和美学特征，使人们产生了惊险、意外、刺激的情绪美。

2）重视塑造运动员的姿态美。姿态美是人体具有造型性因素的静态美和动态美的综合表现，是身体各部分互相配合而呈现出来的外部形态的美，它反映了一个人的风度和气质。优美的体态，即良好的身体姿态，尤其表现为身体活泼、流动的动态美。

要做到健美操的"姿态美"，每个动作都要达到特别的要求，以超难度技巧、独特新颖的编排、舒展大方的动作、各式各样的造型及协调一致的音乐配合等因素将其展示出来。编排健美操时，每个动作、造型的选择一般都要考虑到运动员身体形态，以及运动员做该动作时所表现出来的身体姿态。例如，健美操对支撑类动作的要求是：

每个支撑动作必须保持 2 秒钟；支撑转体时必须完整；所有的直角支撑动作，腿必须垂直；高锐角支撑动作，后背必须与地面平行；所有的水平支撑动作身体不能高于水平 45°。

无论是竞技健美操还是健身健美操，姿态动作都应自然大方，充满朝气和活力，并要贯彻体育美学中"立如松，坐如钟，卧如弓，行如风"的人体姿态美的要求。"立如松"是指健美操运动员或锻炼者不管是开始的站立姿态，还是亮相或结束动作要如松树般端正挺拔，头、颈、躯干和脚的纵轴应在一条垂直线上，抬头平视收下颌，立颈挺胸收腹，沉肩两臂自然下垂，臂部紧缩而双腿上拔，使男子充满力量感和男子汉的气概，女子则亭亭玉立，富有弹性感和宁静感，还有一种豪爽英气，别具现代女性的魅力。"坐如钟"是要求健美操运动员为坐姿时，要如铜铸大钟般端正稳重，挺胸收腹。"卧如弓"是要求运动员在有倒地动作时，要协调自然，轻松自在。"行如风"是要求运动员行走时，步态如清风般轻松快捷，不拖沓滞重，以免破坏美的享受。

2. 舞蹈艺术美学给健美操表演的艺术特点和艺术表现力提供了有益借鉴

任何一种舞蹈艺术都是人类物质生活和精神生活的载体。舞蹈是以人的形体动作为基础表现手段来塑造形象、表情达意的表演艺术。具体地说，舞蹈是以表演者自身的形体动作、姿态、造型等为传达中介，以人体动作在幅度、力度和角度上的变化、运动为艺术语汇，表现人的内心情感、审美追求以及时代精神的表演艺术。

（1）舞蹈艺术的美学特征：

1）动作性、韵律美。舞蹈借助音乐旋律的变化来表达舞者不同的内心情感，并借助音乐的结构来组织舞蹈自身的结构和进程，这样才能跳得有弹性、有情趣、有韵味。

2）程式化和虚拟性。舞蹈动作的程式化，是舞蹈发展到较为成熟阶段的产物，它丰富和提高了舞蹈动作的表现手段，使舞蹈动作显得规范整齐、活泼自然，并较稳定地传达一定的情感意蕴，有助于舞蹈风格的形成。这在古典舞、芭蕾舞中更为明显。

3）表演的综合性。舞蹈虽不属于综合艺术，但在表演时也有不少综合性特征。例如，舞蹈动作在短暂停顿时，具有明显的雕塑意义，以至于西方的舞蹈家认为"舞蹈家的任何瞬间都该是雕塑家的模特"。舞蹈同音乐更是密不可分的孪生姐妹，音乐是"舞蹈的灵魂""音乐中包含了并决定着舞蹈的结构、特征和气质"。舞蹈的节奏常常靠音乐伴奏和指挥。此外，在舞蹈中，造型艺术也必不可少。舞蹈演员的服饰、道具，使舞蹈的形象更具体、鲜明；舞台美术、灯光配备等，对舞蹈表演起烘托气氛的作用。

（2）舞蹈艺术美学为健美操的艺术设计和艺术表现力提供借鉴。从艺术角度来看，健美操与舞蹈艺术美实际上是统一的，是人的本质在实践中的感性体现。舞蹈艺术的概念是指各种舞蹈艺术的总和，通过表演动作创造艺术形象。而健美操的诞生源于人们对健美身体的追求，是体操、舞蹈、音乐逐步结合的产物。

总之，融艺术表现和体育为一体的健美操运动，是一种时代气息的再现。它流露出的自然美，就是我们追求的健美操运动的最高艺术境界。

3. 音乐影响健美操动作完成的和谐美，并能同健美操动作一起反映整套健美操的思想内容主题

音乐最擅长揭示人的心灵世界，有人把它称为"诗的心理学"。音乐可以像激光一样深入人类灵魂深处，寻幽索隐，把人类各种复杂难言的心绪全都映射出来。所以德国音乐家玛克斯称"音乐可以再现心灵的一切"。

音乐是发挥健美操运动员艺术表现力的重要因素，影响健美操动作完成的和谐美，并能同健美操动作一起反映整套健美操的思想内容主题。

从健美操音乐的选择来看，主要有两种方式：一是根据动作选择音乐，二是根据音乐创编动作。但是，不管是采用哪种方式，健美操在表演时总要表现一定的主题，犹如一首诗、一幅画，能给人们带来特定环境的美感体验，这个主题是通过音乐和动作共同表现出来的。有时，一套完美的健美操动作本身就有其特定的主题思想，音乐根据动作来设计。例如，以天真活泼、顽皮可爱的动作及其组合而创编的幼儿健美操、表现日常生活琐事组合动作的中老年健美操，以及穿插于篮球比赛间隙中的啦啦队表演的健美操，等等。有时，健美操的音乐本身也反映了一定的主题。例如，在国内外大型的竞技健美操比赛中，许多参赛选手的成套动作所使用的音乐，包括以动物行为、体态为主题的音乐，根据童话故事创编的音乐以及展示民俗、民风，反映本民族典型特色的创编音乐等。

4. 人体形体美学决定健美操运动员的选材方向和人们参与锻炼的目标追求

人是"万物之灵长，宇宙之精华"。美学认为，人既是唯一的审美主体，自身也是最美的审美对象。对人体美的欣赏，在人类的文明史上经历了漫长的过程。它起源于母系社会，当时就有崇拜女性美的裸体艺术作品。不过，在世界各地区、各民族中，对于人体美的观念和标准是各不相同的，并且随着时代的变迁，人们对人体审美的标准也在变化。如在两千年前的古希腊，出于战争、竞技的需要，人们把健壮、强劲的体魄作为男子人体美的标准，甚至把它看作骄傲的资本；在我国唐朝女子以胖和丰满为美，而今天却把"瘦""苗条"等作为女子美的标准。

（1）人体形体美学的标准。什么样的形体才算美呢？人体美学认为主要表现在两个方面。首先，要形体匀称，比例适宜。达·芬奇在讨论人体各部分的比例时，曾制定一系列标准。比如，人的头部应同胸背部最厚处一样，都是身高的八分之一，肩膀的最宽处应是身高的四分之一，双肩平伸的宽度应等于身长，胸部与肩胛骨应在同一水平上，两眼间的距离应是一只眼的长度，耳朵与鼻子应当长度相等。符合这些比例的人体才是美的。还有人提出上下身的比例，以肚脐为界应符合"黄金分割"才较为标准。这些观点用来作为永恒不变的人体美的标准自然并不合适，因为从时代发展、民族区分等情况来看，人体美的标准是形形色色、丰富多变的，不过其大致是符合实际的。再如，五官端正、发育正常、身材适中、胖瘦合适等，关键在于适宜。培根曾说："有些脸面，一部分一部分地观察，是找不到一点好处的，但将各部分合在一起，那些脸面就很好看了。"有的人则正好相反。

（2）人体形体美学对健美操运动员的选材和人们参加健美操锻炼的启示。人体形体美学中所确定的男女人体美的标准，为健美操运动的"外在美"的发展指引了方向，给运动员选材和对表演者的挑选提供了理论依据；同时，也给参加健美操锻炼的人们确立了人体美的追求目标。

事实上，在现代社会生活中，健美操自觉与不自觉地运用艺术和体育手段向人们宣传人体美，展示人体美。健美操是一个介于文艺和体育的边缘项目，也正是由于这个属性，它又具有美的欣赏价值，不论是参与者还是观赏者都能得到精神享受。健美操中所展示的人体美，是人的形体美和姿态美的展现，是以客体规律的形式表现出的主体活动，是运动美的凝聚成果。这就激发人们追求人体美，积极、主动地参加健美操训练。

同时，健美操所追求的人体美不仅是自然的存在物，也是社会的存在物，人体美必定是自然美与社会美的统一，即体形美、姿势美、动作美和气质美的高度结合。刘海粟曾经说过："人体美，是美中之美，来自其生命和自然流动。"健美操的人体美以身体动作传情、形神兼备为特征。它之所以具有生动的艺术感染力，正是由于运动员或表演者"发于情而形于神"，与心灵共舞，把细腻的情感注入其全部的形体动作之中，塑造形神兼备的美的形象。"男子汉"就是人体美的综合表现。所以，健美操应是一种综合的整体美，其人体美所表现出的青春活力和动人魅力是内外美的统一。

5. 当今人们对社会美的追求

社会美指的是社会生活的美。它直接根源于社会实践。美和真、善有着密切的联系，离开了社会生活实践，社会美就无法存在。社会美的核心是人的美。社会是由人组成的，社会只能是人的社会。只有人，才是社会的主体。所以，社会美存在于人自身，存在于他的社会生活、社会关系及社会环境中。离开了人，也就无所谓社会美。形式多样、表现不一的社会美，归根结底，都是人的美。人是美的创造者和欣赏者，是审美的主题；人也是美化和欣赏的对象，是审美的客体，是现实世界最美的欣赏对象。人类社会对美的追求是永无止境的，当今社会出现的各种艺术都是人类创造美和欣赏美的结果。

不同国家、不同时期、不同民族，追求的社会美也是不一样的，它从事实上反映了不同国家或民族追求的美的内容是有差异的，它也从侧面反映了不同国家、不同时期的社会风气。这就提示我们，健美操作为艺术运动项目也必须遵循社会美的主流，要反映社会美的主题，并创造社会美，引导人们对社会美的追求。

健美操的社会美集中体现在人的思想性格、行为举止方面。当今社会公众人物是最容易被人们模仿的，健美操通过运动员的完美表现以及运动员无可挑剔的身材，激起了人们参与的欲望和热情。健美操的社会美可以从以下两个方面来论述：

（1）从练习者的角度来看。当健美操这一时空艺术进入人的审美视野后，就变成了特定的审美对象，从而形成了特殊的审美形态。健美操美感的产生，是源于个人的直觉，也就是参加者对动作技术的心理感受，它不但存在于对美的欣赏过程中，也存在于对美的创造过程中，特别是艺术的创造过程中。只有充分认识到美，才能唤起人心中的美感，才能调动人的感觉、情感和生命。健美操是身体的律动与心灵相融合的运动，参加者只有把全部的情感贯穿到形体动作中去，并用心灵创造美的意蕴，才能做到"以体传情，形神兼备"，而这种无声的人体语言，充满生命的激情，让人的身心得到一种无与伦比的愉悦和快感。

（2）从欣赏者的角度来看。当练习者伴随着美妙的音乐旋律，运用变幻莫测的难度动作和操化动作，将美的形体、美的姿态、美的线条、美的音乐、美的队形、美的服饰等呈现给观众时，欣赏者就会从表演者的表演中获得美的享受。换言之，客体所传播出的美的信息，很容易在主体眼里衍化并升华成为一种理想化的典范和一种充满韵味的象征，引起主体的心理震荡，诱导主体在一种神圣的审美氛围中感受健美操美的意蕴，并对健美操的美产生崇敬和喜爱之情。

6. 人体装扮美学是健美操实现外在美的必然条件

人体装扮美学是研究如何运用美的规律去塑造和装扮人体，使人自身变得更美的一门实用美学。俗话说："三分长相，七分打扮。"可见，装扮艺术在人们的日常生活中占据着重要的地位。

（1）人体装扮美学的基本内容及审美标准。人体装扮包括服装和打扮等内容。服装指的是穿着的艺术，打扮指的是化妆、美容与装饰的艺术。

1）服饰美

我国古语说："食必常饱，然后求美；衣必常暖，然后求丽；居必常安，然后求乐。"衣、食、住、行中，穿衣是人生仅次于吃饭的第二大事。从服饰的发展趋势来看，它逐渐由"暖体"发展到今天人们对服饰的美观、漂亮、有魅力的要求，使之给人带来审美的愉悦。

①服饰美的流派。目前，世界上对于服饰美的追求主要可分为两大流派，一是抽象派，二是实用派。事实上，它们都是以服饰的审美功能为追求目标的，只不过各自的侧重点不同。一般来说，抽象派比较注重服装的审美观赏性，以追求审美价值为主，要求服饰能超越现实生活，具有一种审美上的超前性。而实用派相对来说较强调服装的实用价值，要求能在社会上流行，为人们普遍接受和喜爱。这都充分说明，服饰已成为人们社会生活中不可缺少的组成部分，它在美化人们的生活、提高人们的生活质量等方面发挥着越来越重要的作用。②服饰美的构成要素。穿衣戴帽尽管是人们不同的爱好和习惯，但是，如何穿衣戴帽有很大讲究。穿着得体，就能充分展现出服饰特有的审美内涵，与人的容貌、气质等协调一致，使人不仅具有迷人的外在美，也具有富有魅力的内在美。如果穿着不得体，不但不能显示特有的美感，而且会让人感觉到别扭甚至是俗不可耐。要提高服装的审美功能，必须深入了解服装形式美的各个构成因素。

配色：配色指的是服饰色彩的合理运用和搭配。这里也涉及色彩的审美特性问题。色彩的重要性在于它能最有效地唤起人视觉上的美感，是一种具有很强的审美表现功能的自然物质，能够为人们所普遍接受。

色彩与人情绪的关系主要表现为：寒暖感。色彩的寒暖是根据色调决定的，一般将给人以暖感的色彩称为"暖色"，主要有红、黄等色；给人以寒冷感觉的色彩，称为"寒色"，也叫"冷色"，主要有绿、蓝、紫等色。一般来说，暖色调有兴奋感，冷色调有恬静感。红色、红紫色有华美感，而黄色、橙色等有质朴感。红色在人们的生活经验中是太阳和火的颜色，让人联想到热情；绿色是自然中草木的颜色，让人联想到清新与美好。

色彩不同的审美特性，对于服饰的配色来说非常重要。服饰的配色一定要根据人们不同的年龄、性别、性格、职业等进行。总的来说，服饰的搭配要让人感觉得体、大方，具有一定的和谐的美感。所以，服饰配色应按照美的和谐统一的原则进行。

款式：款式指的是服饰的式样和审美造型因素。服饰的款式是随着社会生活的发展变化而变化的，体现出人们对服饰美的不断追求，如人们经常说的"流行款式"等。

功能：这里的功能主要指的是服饰的审美功能。服饰之所以备受人们的喜爱和重视，除了它具有"蔽体"的实用价值外，还具有如下突出的审美价值和作用：

第一，它能起到扬美与掩丑的作用。扬美就是通过服饰的美来衬托人体的美，使两者的结合相得益彰；掩丑指的是利用服饰来掩盖人体自身的缺陷和不足，从而达到美的效果。

第二，服饰能起到美化环境的作用。

第三，服饰美能充分表现一个人的个性美。

第四，服饰美能起到引导社会审美潮流的作用。

2）化妆与美容

①化妆。化妆与美容也是人体装扮的重要构成部分。如果说服饰主要是用来美化人的形体的话，那么化妆和美容则主要是用来美化人的容貌。人的容貌是人体重要的外表器官组合，对于人的整体形象美起着举足轻重的作用。化妆主要指的是人的面部打扮，通过化妆品来美化人的自然容颜。今天，化妆已成为人们（尤其女性）日常生活中重要的内容，越来越受到人们的青睐。经过化妆后的容颜，能给人以强烈的视觉上的美感。化妆应主要关注脸部化妆、眼部化妆、唇部化妆和手部化妆等几个重要方面。②美容。一般人都将美容与化妆看作一回事，其实二者既有联系，又有区别。从词源学的角度讲，二者都是指使容貌美丽的意思。但是，美容与化妆也存在着一定的区别：从内涵的范围看，化妆的范围相对狭窄一些，而美容的应用范围要广阔得多；从功能上看，化妆主要起到美化装饰的作用，而美容不仅是美化装饰自我，还具有较明确的医疗目的。

3）装饰物

人体的美除了自然形貌以及必要的化妆与美容以外，还离不开装饰物的审美作用。有时，适宜的装饰物能起到画龙点睛的功效。

人体装饰物主要有头饰（发卡、发网、帽子、头绳等）、胸饰（胸针、胸花等）、腰饰（腰带等）、首饰（耳环、项链、手镯、戒指等），等等。

佩戴装饰物也一定要根据佩戴者的年龄、性别、着装的色彩风格，进行有针对性的选择，才能对人体美起到锦上添花的作用。

（2）人体装扮美学为健美操表演者对美的设计提供了理论基础。依据人体装扮美学原理，在健美操比赛或表演中，选择配色协调、款式新颖、有个性的服装，并进行适宜的化妆和美容，再配以独特的装饰物等，将会为男女运动员或表演者锦上添花，表现出其独特的艺术魅力。

根据服饰审美标准，任何一种色彩都会给人增添美感，因个人的审美情趣不同，在色彩的喜好上也就各有偏爱，不同的色彩自然会引起人们不同的心理感受，引发不同的联想。健美操运动员或表演者要根据年龄、性别的特点和表达的思想感情的具体需要选择服饰的色彩搭配，通过服装的色彩传递信息、表达情感、突出个性，给人们带来五彩缤纷的景象和无限美好的遐想。

服饰作为文化的一种表现形式，从某种程度上反映该运动员或表演者的个性和气质。从总体上看，男士服装设计多表现男子魁梧强健、英武有力的风格；女士服装设计则多表现女性青春靓丽、高雅纯美的风格。但有时服装的风格也可活泼多变，不拘一格，比如粗犷的整体与精巧的局部更显得别致动人，令运动员或表演者比赛或表演时豪情奔放、挥洒自如。

同时，也要精心挑选一件很好的头饰，如丝巾、头绳、发卡等，以及彰显个性的腰带，这将会给运动员或表演者起到画龙点睛的效果。

（二）健美操运动的美学特征

如前所述，健美操是融体育与艺术于一身，以其独有的艺术魅力吸引广大群众，既有文化艺术内涵又具备体育竞技形式的一种体育活动，是继体育舞蹈、花样滑冰、花样游泳、艺术体操等项目之后的又一个体育与艺术有机结合的运动。它不仅能强身健体、陶冶情操，还有很高的观赏价值和美学价值。健美操运动所赋予人们的美感，并不是简单的人体原形的自然呈现，而是通过科学系统化专门训练的人的躯体，在音乐的伴奏下完成连贯流畅的、富有弹性的动作，以动态的和静态的外在形式所表现出来的美学特征。

（三）健美操运动的审美标准及美的创造与实现

爱美之心，人皆有之。爱美是人的天性，特别是进入 21 世纪以来，人们对美的追求更为强烈，尤其是中青年女性十分热切地希望有个健美而又永葆青春的体格。那么，作为观赏者应该如何去欣赏和享受健美操的美？健美操的创编者、舞台设计人员以及运动员、表演者又该如何创造和实现健美操的美？

1.健美操的审美标准

（1）"健康就是美"是健美操审美的主旨。今天，人们对健康的追求可以说超过了历史上任何时期，除了追求身体的健康，还追求心理和精神的健康。健美操就是适应人类对健身美体的追求而产生和发展起来的一项"美"的运动。所以，健美操的观赏者应把表演者展示出来的人的身心健康美作为审美的主旨，具体表现在以下两个方面：

一方面，动作风格舒展大方、刚劲有力、协调性高，且连接流畅、造型健美，能充分体现出人们健康的体魄、健美的外形和焕发的精神面貌等。

另一方面，健美操和其他舞蹈一样，整套动作的编排都有一定的思想内容，这就要求它所表现的思想内容符合时代的发展。它应向人们传达一种积极、健康、向上的精神。这种精神要通过运动员的面部表情和身体活力来感染观众，使观赏者产生共鸣，表现出想参加此项运动的强烈愿望。这样的健美操能给人们带来青春的喜悦和激情，鼓舞和激励人们更加热爱生活，努力学习、朝气蓬勃、不断进取。

（2）动作和队形编排的创新性是健美操审美的核心。创新是健美操进一步发展的生命源泉，是健美操审美的核心。所以，健美操的编排设计应有创造性，整套动作应有亮点；音乐选择应适宜，有节奏变化，有特色和激情；同时整套动作的强度要适中、动作语汇丰富、过渡与连接流畅、场地与空间运用充分等。集体项目要有队形变化和动力性身体的配合。

（3）表演者丰富多彩、新颖、独特的动作展示是健美操审美的关键。动作美是健美操最显著的特点，它是在时间的展开方式上打破静态美的框架，使美的形态不断翻新，让人以探求、追寻、跟踪的方式不断亲近它、捕捉它。表演者的每个动作都应完美无缺、新颖，尽量避免重复。根据运动员的个人能力尽量加大动作难度，并使衔接动作自然顺畅。动作位置高低的变化、速度的变化、层次的变化、幅度的变化丰富，使人们产生并感受惊险、意外、刺激的情绪美。

（4）适宜的装扮是健美操审美必不可少的条件。健美操作为艺术表演性项目，运动员恰如其分的妆容、得体的服装、富有灵气的装饰物，会大大增加视觉美感。所以，表演者装扮是否适宜将直接影响健美操整体的审美。竞技健美操的服饰除应符合国际健美操的规则外，还应根据比赛场地、运动员的体形和皮肤颜色等选择合适美观的比赛服饰。

2. 创造与实现健美操美的基本要求

创造和实现健美操的美，是一项系统工程，除应遵循前面提到的各方面美学原理以及健美操的技术要求之外，健美操的创编者、表演者和舞台的设计人员还应遵循以下一些基本要求：

（1）创编者

1）要善于把握时代主题，使创编风格与动作紧跟时代步伐。艺术来源于社会，又服务于社会，是以反映时代主题为目的的。健美操的创编者，实际上是健美操艺术的创造者，应该善于分析当今时代主题，了解当今时代哪些是社会崇尚的思想和行为？社会弘扬的精神是什么？人们对美的追求体现在哪些方面？这实际上就是确定健美操所反映内容的思想性。只有把握了这些，并把它融入创作中，使创作的整套动作符合社会的主题,迎合人们的审美需要,才能够得到社会的认可,最终实现健美操美的传播。

2）在创编动作时,充分了解不同对象的审美需求。人们的审美需求依据年龄、性别、受教育程度、职业的性质而不同。创编者要重视这些审美需求的差别,以满足不同对象对美的需求,也只有考虑人们的差别,才能真正实现健美操不同类型的美。

3）动作的设计风格、音乐选择、难度要考虑服务人群的年龄与性别特征。依据人们参加健美操运动的目的,健美操可以分为竞技健美操、表演健美操和健身健美操。竞技健美操的参加对象主要是青年男女,运用体育的竞争机制,其目的是在比赛中取胜,其制胜因素是"难、新、美";表演健美操的目的是通过艺术的表演满足人们特定的审美需求,它主要是以表演的"艺术性"展示人的身体和精神的美;而健身健美操主要是通过练习达到强身健体、塑造人体美的形象,不追求难度,主要强调锻炼的效果,这类项目适合各个年龄段的人群。针对上面的分析,创编者在设计动作的风格时,要根据健美操的不同类型、练习者的年龄、性别选择音乐,设计难度,安排负荷强度,以达到人们从事不同类型健美操的目的。所以,竞技健美操是以竞技为目的的,有特定的规则和评分办法,必须编排有一定难度、连续复杂的、高强度的动作;表演健美操设计要更注重艺术的美;健身健美操动作的设计编排必须遵循全面发展身体、符合对象特点、安全无损伤、健身娱乐等原则。

（2）表演者

1）表演时,注重"形"美与"神"美的高度统一。健美操作为以艺术表演为主的运动项目,它同散文一样,高度重视"形"与"神"的统一。健美操的"形"美是指表演者的人体外在美,是通过表演者强健而匀称的身体以及身体姿态、动作等展示美;"神"美是指凝聚、糅合在健美操"形"美中的内在美、气质美和抽象美,是通过表演者在音乐的配合下,把健美操的思想内容和自己对健美操美的理解,以及表演者自身的人格魅力、思想境界等凝聚在一起所共同表现出来的美。所有这些美,都是通过表演者的表演效果表现出来的。所以,作为表演者一方面要通过不断的强化练习,达到技术熟练、形体优美,来实现健美操的"形"美;另一方面,表演者更应深入领会蕴含在健美操套路中的思想内容,使自己所流露出的情感尽可能地贴近创编者的初衷,从而实现健美操的"神"美。最后,把健美操的"形"美和"神"美高度地统一起来,实现整个健美操的美感。

2）重视与观众的情感交流与互动。"情感的交流、相互的理解"是传达美的最好途径。今天,但凡是艺术表演的项目,表演者都非常重视同观众的交流,而交流的手段则是同观众的互动。这既是烘托现场气氛的需要,更是表演者与观众交流思想、传播美的有效途径。"眼睛是心灵的窗口。"所以健美操要重视与观众眼神的沟通，善于通过身体语言来表达思想语言。做到这一点的最高境界是健美操的表演者能激发观众与他一道随着音乐节奏欢呼、呐喊、舞动。这也是竞技健美操运动员比赛中取得高分的关键，是健美操表演成功的显著特征。

3）动作表演雅而不俗、激情而不放荡。同前所述，健美操的最大特点就是动感、激情、充满极大的活力，这正是健美操受人喜爱的重要原因。尤其是竞技健美操和表演健美操更能充分地显示当今青年男女张扬的个性。动作适当的夸张反映了当今社会是个充满生机和活力的社会。但事情总要有个"度"，过分地夸张与张扬，而忽视了对技术动作的完美追求，反而会破坏观众的审美感受，从而对整个比赛获胜或表演的成功产生负面影响。更有甚者，为了哗众取宠，或为了迎合一些低级趣味的人所谓的"审美需求"，不惜以一些低俗的动作、放荡的表情，甚至下流的动作进行表演。这完全违背了人们参加或欣赏健美操，追求身体健与美的美好愿望。作为健美操运动员或表演者一定要抵制这些不良风气，以高雅的气质、高度娴熟的技术、舒展健美的身姿赢得观众的掌声，把健美操的美在观众面前展现得淋漓尽致。

（3）舞台设计者

1）舞台主题设计应反映比赛或表演的主题。通常，每次健美操比赛都有一定的主题，并且不同类型的健美操比赛突出的主题是不一样的。那么，作为健美操比赛或表演的物质载体——舞台的设计也同样要突显比赛的主题。作为舞台设计者一定要根据比赛的主题确定舞台设计的主题，以实现舞台设计为比赛主题服务的目的。

2）舞台设计应符合健美操比赛场地的规则要求。对于正式的竞技健美操比赛，比赛规则对比赛场地有明确的要求。规则规定：健美操比赛场地的面积为 $7 \times 7m^2$（六人操场地的面积为 $10 \times 10m^2$），赛台的高度为 100 ~ 150cm，后面有背景遮挡，赛台的面积不得小于 $9 \times 9m^2$，并清楚地标出 $7 \times 7m^2$ 的比赛场地，标记带为 5cm 宽的红色带，标记带包括在 7m 宽的场地内。也就是说，标记带是场地的一部分。在设计正式的健美操比赛场地时，要严格按照比赛规则的要求进行设计。

3）舞台的色彩搭配、装饰风格应综合考虑季节特点、比赛或表演的场所。这实际上是第一个问题的延伸。设计者除考虑比赛的主题外，还应根据一年中季节的不同、比赛或表演的场所等不同，设计出色彩搭配适宜、装饰风格独特的舞台效果，并要考虑白天和晚上灯光的设计。比如，阳春三月在杭州西湖举行的健美操比赛，舞台设计要突出春天的生机和绿意、凸显比赛地西湖的风光等。

第四节　寓乐于体

一、提出"寓乐于体"教育思想的背景分析

（一）"新课程标准"改革的必然要求

为了响应"新课程标准"改革的号召，体育教师要不断更新教学理念。除了要向学生传授基本的体育运动技能外，更要让学生积极地参与体育运动，促进学生身心的健康发展。在教学实施的过程中，体育教师要以学生的需求为根本出发点，抓住一切教学契机，激发学生主动学习体育课程的热情，使学生由被动学习变为主动思考、自主活动、自我管理，同时使学生在心理上获得愉快的体验。教师也应充分挖掘自身潜能，真正做到教学相长。

在新课改的影响下，体育教学应充分发挥教师的主导作用，设计形式多样的教学模式，创设教学情境，营造轻松的课堂氛围。在组织教学时，教师要充当导演和演员的角色，积极引导学生效仿，形成教师与学生、学生与学生之间的多向交流，使学生能够积极主动地参与体育运动的全过程，帮助学生实现身体的全方位发展。

体育教师应充分尊重学生主动学习、探究学习的主体地位，只有这样学生才能获得全面的发展。与此同时，教师也要最大限度地激发自己的主观能动性，为学生树立优秀的学习榜样。

（二）"乐学"成为主旋律

《新课程标准》把"激发学生运动兴趣，培养学生终身体育的意识"作为体育教学的基本理念之一。那么如何才能调动学生参加体育锻炼的热情呢？实践研究表明，从教学目标的可及性、教学活动的主体性、教学评价的激励性和教学管理的艺术性四个方面着手，可以有效地调动学生学习的积极性，提高学生的学习效率，激发学生的潜能，优化教学效果。

1. 教学目标的可及性

何谓教学目标的可及性？简而言之，就是针对各位学生的身体素质，结合体育项目的运动特点，设置一些学生通过努力就能够达成的目标。以"引体向上"教学为例，教师对身体素质好的学生可以将要求提高一个等级，而对身体素质不好的学生可以将要求降低一个等级，依据学生真实的身体素质状况进行随机教学，最终的目的是让所有的学生都能达成教学目标，并获得自信和提高体育兴趣。

苏联教育学家苏霍姆林斯基曾说过："成功的快乐是一种巨大的情绪力量，它可以促进学生好好学习的愿望，同时成功感也是激发学生兴趣的催化剂。"事实表明，如果我们设置的体育目标能让学生通过努力便可达及，那将极大地激发学生学习体育的积极性，并为他们带来自信的体验，进而激发他们学习体育的热情和主动性。

2. 教学活动的主体性

尊重学生的主体地位是实现教师主导地位的前提，也是实现学生乐学的必要保障。在教学过程中，教师从学生的实际需求出发，并结合教学的实际内容，设计一些符合学生身心特点和认知规律的教学环节，充分尊重学生的主体地位，提高学生的学习兴趣，调动学生的参与意识，提高教学效率。

3. 教学评价的激励性

教学评价的最终目的是为学生正确认知自己提供一个科学的评判标准，让学生能够深知自身存在的优势和不足，进而不断地提升自己，最终促进教学目标的完成。《新课程标准》对体育教学的评价重心有所转移，它一改以往单纯关注学生成绩的做法，更加科学地关注学生体验、探究和努力的过程，因而，我们应该充分发挥体育教学评价的激励作用。

4. 教学管理的艺术性

高尔基说："爱孩子，这是母鸡也会的事。"克鲁普斯卡娅说："光爱还是不够的，必须善于爱。"由此可见，教师只顾单纯地用爱去管理教学，是远远不够的，还应该学会管理的艺术。体育课堂的机动灵活和随意性决定了体育教学课堂上的矛盾冲突的必然性。那么，怎样处理这些矛盾冲突才算得上是明智之举呢？这就需要体育教师艺术化地管理体育教学。一旦有矛盾冲突出现，体育教师就能迎刃而解，让体育教学课堂氛围恢复正常。良好的教学氛围可以激发学生愉悦的心情和浓厚的兴趣，激发学习热情，促进身心健康和谐发展。

（三）学生人本回归的有效途径

体育运动是一种以肢体的形式玩味着某种精神自由的"游戏"。所以，运动的主体不是运动者或观赏者，也不是体育比赛的结果，而是运动者和观赏者共同玩味的"某种东西"。这里的"某种东西"就是体育运动的"意义"。只有当运动者和观赏者认真、严肃地投入这种"意义"，与其融为一体时，体育运动才得以展示自身的存在，运动者才进入真实的游戏状态，即"物我两忘"的审美状态，运动文化之美才得以实现。

赫伊津哈认为："游戏竞赛的精神，作为一种社交活动，比文化本身还要古老……我们不能不得出这样的结论：处于最初阶段的文明乃是被游戏出来的。它不是像婴儿那样从子宫脱离出来那样从游戏中产生出来，而是在游戏中并作为游戏产生出来且永远也不脱离游戏的。"游戏所带来的愉悦、自由、公正、体验、和谐，让游戏充满了魅力。

1. 愉悦

愉悦是游戏的初衷。赫伊津哈认为："游戏的基调是狂喜与热情，并且是与那种场景相协调的神圣或喜庆式的。一种兴奋和紧张的感觉伴随着行动，随之而来的是欢乐与轻松。"霍兹曼认为："人们喜欢游戏主要的原因是它的精神色彩和浪漫主义。"弗洛伊德认为："人的活动主要受'快乐原则'的驱使，游戏能最大限度地满足人快乐本能的需求。"由此可见，游戏能够让人获得生理和心理上的快感，让人在最轻松、最自由的状态下最大范围地释放自己。

2. 自由

赫伊津哈认为："只有当'心灵'的巨流冲破了宇宙的绝对专制主义时，游戏才变得可能，变得可以考虑和理解。"沛西·能认为："自由和游戏显然是一对双生姊妹。"由此可见，游戏与自由是密不可分的，二者缺一不可。没有自由，就没有游戏。康德在论证艺术和游戏的关系时认为，艺术的精髓在于自由，而自由也是游戏的灵魂，正是自由使艺术与游戏联结在了一起。他说："艺术甚至也和手艺不同，前者叫作自由艺术，后者可以叫作雇用的艺术。我们把前者看作好像它只能作为游戏，即一种本身就使人快适的事情而得出合乎目的的结果（或成功）；而后者却是这样，它能够作为劳动，即一种本身并不快适（很辛苦），而只是通过它的结果（如报酬）吸引人的事情，因而强制性地强加于人。"所以，他认为游戏是"活动的自由和生命力的通畅"。席勒也将游戏理解为与"自由活动"同义而与"强迫"相对立的概念。

在中国，庄子在《逍遥游》里用极富散文色彩的笔调阐明了他自由的哲学思想。庄子认为，"游"是最好的生存方式，只有"逍遥"才能达到"游"。"逍遥"就是指"逍遥于天地之间而心意自得"。在庄子看来，人应该追求一种绝对的精神自由，自由自在才是人生存的理想境界，而一切依靠客观条件的自由（有待）都不是真正的自由，只有绝对地离开条件的限制（无待），才是真正的绝对自由。而常人达不到"逍遥游"，因为人有所依赖、有所追求，把功名利禄看得太重，所以，"若夫乘天地之正，而御六气之辩，以游无穷者，彼且恶乎待哉！故曰，至人无己，神人无功，圣人无名"。即要做到"无待"，必须做到"无己""无功""无名"。庄子"逍遥游"的思想，对中国的游戏观影响很大。

3. 规则

当然，尽管游戏是倡导自由的，但是世间万事万物的自由在一定范围内没有随心所欲的自由存在。游戏也一样，它的自由是在规则限定范围内的自由。因为只有规则，才能确保游戏的顺利进行。规则是自由的护身符。赫伊津哈认为："所有的游戏都有其规则。""它创造秩序，它就是秩序。它把一种暂时而有限的完美带入不完善的世界和混乱的生活。游戏要求的秩序完全超然，哪怕有微小的偏离都会'败兴'，剥去游戏的特点并使之无趣乏味。"他说："触犯或无视规则的选手是'破坏游戏的人'。"维特根斯坦同样认为"游戏是由规则来规定的"，他对规则非常重视，他认为，语言里唯一和自然必然性关联的东西是任意的规则。这种任意的规则是我们能从这种自然必要性中抽出来赋予一个句子的唯一的东西。利奥塔在通过语言来考察后现代的知识状况时也强调，科学知识是一种有自己规则的游戏，他认为维特根斯坦的语言游戏是通过研究话语的作用而找到的各种陈述，这些陈述都应该能用一些规则来确定，所以利奥塔也非常注重游戏的规则，"没有规则便没有游戏"。

游戏的规则主要有内隐和外显两种。内隐的规则主要是指隐含在游戏外表之下的规则，它主要是指那些必须要服从的游戏需要。维特根斯坦就此曾说过，游戏规则不一定有明确而详细的规定，人们可以在语言游戏中学习规则，甚至可以盲目地遵守规则，"让我们来想一下都在哪些情况下我们会说一个游戏是根据一个特定的规则进行的。规则可以是教人玩游戏的一种辅助。学习者被告知规则，练习应用这个规则。或者它是游戏本身的一种工具。或者规则既不用于教人，也不用于游戏本身，而且不列在一张规则表上。我们可以通过看别人玩一种游戏学会它。但我们说，这个游戏是按照某些规则进行的，因为旁观者能够从实际进行着的游戏看出这些规则，就像游戏所服从的一项自然法则"。

顾名思义，外显的规则就是表面上大家都看得到和必须遵守的那些规则，通常外显的规则都是在游戏开始前就规定的，其最大特点就是可以直接感知。当然，自由和规则在游戏中并不矛盾。因为游戏和规则是游戏者共同协商，在共同理解的基础上制定的，游戏的规则是游戏者自愿接受、自觉遵循的一种内部自我限定，其目的是用于协调和评判游戏行为，保证游戏公正、顺利地进行。从某种意义上说，这种外显的规则是易变的，它可以随游戏活动的需要而修订和改正，使游戏规则处于不断地生成过程中。维特根斯坦认为，语言游戏的规则是易变的。"我们称之为'符号''词语''句子'的，所有这些都有无数种不同的用法。这种多样性绝不是什么固定的东西，一旦给定就一成不变；新的语言类型，新的语言游戏，我们可以说，会产生出来，而另一些则会变得陈旧，被人遗忘。"

4. 体验

有参与者参与的游戏才是真正的游戏，游戏的最终目的就是参与者通过游戏体验获得游戏快感。游戏者在游戏中获得的真实感受才是最真实的存在。游戏时，游戏者尽情地遨游在游戏的世界之中。美国心理学家西克森特米赫利研究发现，人在游戏时有一种独特的体验，能够非常专注，往往能够爆发出超越以往的创造力，身心获得极大的满足。他的观点与美国人本主义心理学家马斯洛的"高峰体验"有惊人的一致。马斯洛在对多名研究对象进行访谈和对大量的宗教、艺术等相关论述进行研究之后，发现几乎所有的自我实现者都会经历一种神秘的体验，"这种体验可能是瞬间产生的、压倒一切的敬畏情绪，也可能是专注在那一刻，自我、现实……一切的一切都远远地离去了，全身充满着转瞬即逝的极度强烈的幸福感，甚至是欣喜若狂、如痴如醉、欢乐至极的感觉"。

5. 和谐

游戏活动是人的生理、心理、社会性等要素投入其中的活动。赫伊津哈认为，游戏是"紧张、均衡、平稳、对峙、跌宕、冲突、解决，等等"，"它是'沉醉的''痴迷的'，它被赋予了我们在事物中所能觉察的最高贵品质：韵律与谐和"。

总之，游戏是生命的一种存在状态，是身心达到无拘无束的一种自由状态。游戏指向生命个体，每个人都可以依照自己的特点、喜好，从事不同的游戏；具备了游戏心态的生命个体，任何时刻都可以将任何活动变成游戏。没有了外在的功利追求，为游戏而游戏，体验到的只是游戏之趣。游戏人是幸福的，因为他超越了外在的物质追求，超越了琐事的羁绊，游戏心境也是对自身的一种超越。

二、实施"寓乐于体"教育思想的意义分析

（一）体育游戏与身体健康

身体的健康包括人体各部位或器官的发育与功能的完善，它包含着身体的形态、功能及智力等方面的健康。身体的形态健康指人的身体结构、肢体比例、身体姿态等

方面具备良好的发展指标。简言之，即具有健康、优美的体形。身体的功能健康表现在基本活动能力的健康，以及从事体育运动所需的能力的完善上，包括速度、力量、耐力、柔韧性、灵敏性、协调性、平衡性和反应能力等方面。智力是指人对客观世界的感知，对信息的获取、整理和加工，在感知的基础上进行记忆、思维和想象等。智力的健康主要表现在思维敏捷、头脑灵活，具有良好的学习、分析与判断能力等方面。

肌体健康是构建人的发展的物质条件，而智力健康则是构建人的发展的精神条件。在体育游戏过程中，人的身体形态、功能以及人的智力水平都会得到一定程度的提高。

体育游戏与其他体育活动一样，是以身体运动的形式进行的，活动的内容与形式是经过预先设计的，因而它同样具有其他体育活动所具有的健身作用。另外，由于体育游戏是一种综合性很强的体育手段，所以它对身体有比较全面的锻炼效果。为了体验有趣的游戏过程，人们参加体育游戏一般都是一种自觉自愿的行为。主动、积极的行为能发挥人的最大能动性，因而在体育游戏中能达到良好的身体锻炼效果，这是其他体育手段所不能比拟的。

1.体育游戏与身体形态和功能的发展

体育游戏的内容丰富多彩、形式多样，可以通过多种方法促进大学生的生长发育，培养其正确的身体姿态，发展其基本活动能力，提高身体素质，促进身体的全面发展，增强体质。

（1）体育游戏与身体形态的健康。良好的身体形态不仅是身体发育完善的标志，而且能给人以美感。而具有良好体形的人自身也通常能保持一种健康自信的心态，这对于人们生活的各个方面都有着积极的影响。例如，"能看到多高""金鸡独立""膝顶下巴""背后握手"等站姿游戏，"跪姿头碰地""'V'字平衡""左坐右坐"等坐姿游戏以及"小摇车"等卧姿游戏，都可以通过拉伸身体的肌肉、韧带，提高身体的柔韧性和平衡能力，增强局部肌肉力量，从而达到塑造良好身体形态的目的。

（2）体育游戏与身体功能的健康。人的基本活动能力包括走、跑、跳、投、攀登、搬运等。体育游戏在培养人的基本活动能力方面有重要的作用，尤其对于少年儿童而言。少儿时期是人的基本活动能力发展的黄金阶段，在这一阶段，少儿表现出的特点是年龄小，自制力与理解力差，参加活动多凭兴趣。体育游戏趣味性强的特点恰恰满足了少儿的需求。孩子们在兴趣的指引下，主动积极地参加各种有益的游戏，在愉悦的氛围中提高了身体机能。这类游戏如发展奔走能力和节奏感的"大步走，小步走""和着节拍走"；发展跑的能力和躲闪能力的"追拍跑""钻洞跑"等；培养弹跳力、灵活性的"跳皮筋""夹口袋跳"；发展手臂力量、灵巧性的"沙包投准""小球打大球"；

综合发展基本活动能力的器械游戏，如"荡秋千""滑滑梯""蹬圆木""攀肋木"，等等。

学校中的体育游戏常与田径、体操、球类等项目密切配合，经常利用各种运动项目中学生比较熟悉并基本掌握的技术动作来编排游戏，如田径中的"迎面接力赛""垒球投准"，体操中的"前滚翻接力""双杠支撑前移接力"，以及篮球中的"运球接力赛""投篮赛"等。一方面，这能大大扩充体育游戏的容量，使游戏的内容更加丰富多彩；另一方面，能在游戏过程中检验学生各种基本运动技术的掌握情况。这种形式可以让学生"在乐中学，在学中乐"，既巩固了已学的运动技术，又改善和提高了各种体育活动能力。可见，体育游戏为运动技术的完善、运动能力的健康发展提供了一条切实可行、科学有效的途径。

2.体育游戏与启发智慧

体育游戏不仅能够完善人的身体形态机能，提高人的基本活动能力，而且在人的智力发展方面发挥着巨大作用。

研究表明，人的脑细胞数量与出生时相同，一直不会增加，但大脑的重量则会增加，出生时为400克，到成人时可增加3~4倍。6岁儿童大脑的重量就已经达到成人的90%。人的脑部两岁时形成有关个性的部分；6岁时，铺成思考的基本路线；10岁时，可略见将来的精神成长。在此三个阶段，健全地调整神经突起组合，才容易发育成有高度思维能力且智力发达的孩子。可见，人的智力除遗传因素外，主要是由后天教育（特别是早期教育）决定的。所以对儿童智力的开发需及早着手。体育游戏对人的早期智力的健康发展有着积极的促进作用。在幼儿阶段宜多采用各种发展幼儿爬、走、跑、模仿、协调等基本活动能力的简单游戏。例如，提高模仿力的"小兔跳"，提高协调力的"渡臀""膝步走"，提高身体平衡能力的"围圈跑"，提高灵巧性的"向后绕足走"等。这些丰富多彩的幼儿游戏要求孩子脑体并用，边想边做，在促进身体活动能力提升的同时，帮助他们开动脑筋，用自己的眼睛去观察周围的事物、认识周围的世界。可以说，在儿童智力发展的关键期，体育游戏既锻炼了身体的敏捷性，又锻炼了头脑的灵活性。正如高尔基所说："游戏是儿童认识世界的途径。"

实际上，不少体育游戏都或多或少地具有智力考验的因素。如"反口令行动""低头看天""抓手指""扶棒"等，都需要游戏参与者具有机智的反应，具有视觉、运动感觉的敏感性，以及对空间和时间的判断能力，这样才能快速而准确地完成游戏。此外，体育游戏通常是以对抗、竞赛的形式来进行的。如"冲过封锁线""攻城""齐心协力"等游戏，需要参与者积极地研究战略布局和战术配合，研究个人或团队如何在规则允许的范围内采用最佳实施方案，选择最有效的动作战胜对手，从而完成游戏。战略、战术的研究和运用，不仅是体力的竞争，也是智慧的较量，这些都必须开动脑筋，启发思维。体育游戏的条件和环境多变，内容复杂，它能够发展人敏捷、迅速的判断力并增强记忆力，这对人的智力水平的提高势必起到良好的发展作用。

（二）体育游戏与健康心理的形成

1. 体育游戏有助于消除或减缓不良的学习情绪

人的情绪状态是衡量其心理健康的重要指标。人生活在错综复杂的社会环境中，经常会产生忧愁、压抑、焦虑、紧张等负面情绪。

"趣味性"是体育游戏最基本的特征。游戏本身的新奇、惊险、激烈、紧张会给参与者带来愉快的情感体验，体育游戏往往自始至终都充满了欢笑。即使像"老鹰抓小鸡""打鸭子""两人三足"这样的传统游戏，也常常让人乐此不疲。人们在游戏过程中摆脱了现实生活中的忧愁和烦恼。除此之外，在游戏中获得胜利，还会使人产生自豪感，增强自尊心与自信心，并在精神上获得一种自我价值得以实现的满足。所以参加体育游戏可以转移个体不愉快的情绪和行为，使人从烦恼和痛苦中解脱出来，并产生成就感和愉快的体验。

2. 体育游戏有利于确立自我概念

自我概念是个体主观上对自己的身体、思想和情感等的整体评价，它是由许多自我认识所组成的，包括"我是什么人""我主张什么""我喜欢什么""我不喜欢什么"等。

首先，大学生注重自己的外形、姿态。随着年龄的增长，拥有健美体形的要求与日俱增。对于身体形态不佳的大学生而言，对自己身体表象（身体表象是指头脑中形成的身体图像）的认识，常会伴随不满意、失望甚至自卑等心理体验，以致影响其自我概念的确立。从体育游戏对人的身体健康的影响可知，经常参加体育游戏有利于良好身体姿态的形成，有利于人们，特别是大学生改善及正确形成自身的身体表象。这可以使其克服心理障碍，获得从身体到个体的自尊与自信，并最终完全接纳自己。

其次，每个人都乐于自己的能力得到表现，让别人了解自己的长处，从而得到别人的赞扬、尊重。体育游戏为希望展示自己的人们提供了一个新的"舞台"。摆脱了平时工作学习中的压力与烦恼，在体育游戏紧张而愉快的竞争情境中，人能很自然地表现自己的体力、技能与智慧（其中有些能力往往还是平时根本无从表现或发现的）。当表现的欲望、求胜的心理，以及被赞扬、被肯定的渴望同时在体育游戏中得到满足时，个人也就在体育游戏中获得了自信、自尊的自我概念。

3. 体育游戏能培养坚忍的意志品质

意志品质是指人的果断性、柔韧性、自制力以及勇敢顽强和自主独立等精神。意志品质既是在克服困难的过程中表现出来的，又是在克服困难的过程中培养起来的。

体育游戏环境条件丰富多变，组织形式繁多，特别是一些战胜障碍的游戏，诸如体操中的"跳杠追赶""荡越河沟"、田径中的"障碍跑"、足球中的"抢传球"等，都要求参与者在活动中不断克服各种客观困难（如难度、障碍等）和主观困难（如胆怯、畏惧、害羞等），并在克服困难中培养良好的意志品质。由于体育游戏具有"趣味性""竞争性"与"合作性"等特点，通过这种形式来对人的意志品质加以培养，往往能够收到良好的效果。在趣味十足的游戏内容的吸引下，在夺取胜利的愿望的驱使下，以及在同伴的支持与鼓励下，一个人更能克服无论是来自外界环境还是来自个人内心的困难与障碍，更容易塑造坚忍的意志品质。若将体育游戏中培养出来的意志品质迁移到日常的学习与生活当中，必然会为健康心理的形成与保持奠定坚实的基础。

4. 体育游戏有助于人际交往和沟通

在体育游戏中，一方面学生通过互相接触、合作和竞争等，个体与个体之间、个体与集体之间、集体与集体之间交流更广泛、更频繁，形成了一个小型社会，学生之间可以做到相互包容、尊重信任、团结友爱、鼓励扶持，构建良性的人际关系。另一方面，在游戏要求和规则的束缚下，人与人之间的关系是相对平等的，所以为建立良好的人际关系提供了最佳的平台。

5. 体育游戏有助于学生探索精神与创造性的培养

体育游戏为学生的自由探索提供了平台，有利于学生探索精神的深层次挖掘，激发创造热情。例如，在具体的教学实践过程中，体育教师可以为学生创设想象和思考空间，让他们想尽一切可以解决问题的办法。这就是创造性的一种表现，这也正是体育教学中特别珍贵的因素，有利于为未来社会的发展培养需要的栋梁之材。

现代社会对现代教育提出了更新的要求，它鼓励开发学生的创造性和探索精神。这就要求体育教师不能再单纯地向受教育者传达一些基本的体育运动技能，而是要教他们学会学习，只有这样，他们才能成为适应社会发展的合格人才。学会学习、学会生存的核心内容之一是学会发现、学会创造。那么如何培养学生的创造性呢？这成为当今教育界亟待解决的难题之一。大量的实验研究表明，游戏有助于培养学生的创造性和探索精神。

（三）体育游戏对个体社会化的积极作用

1.体育游戏可以规范道德行为方式，促进价值观内化，培养竞争合作意识

体育游戏是一种规则游戏。游戏规则绝不是游戏制定者随心所欲而定的，它一定是建立在公正和道德判断的基础上的，它需要符合大多数民族公认的伦理标准和共性特征，因而在消除偏见、克服狭隘、实现对话、互动沟通和规范行为等诸多方面均能达到较高程度的一致性，尤其是对个体道德潜移默化的影响极为显著。游戏规则的制定有助于学生良好行为规范的形成。游戏者在熟悉游戏规则的基础上，才能养成遵守规则的良好习惯，进而体会社会规范的意义与价值所在，管束自己的社会言行，提高社会道德品质。由此可见，学生对体育游戏规则的遵守与秉承，在一定程度上可以影响其现实生活中的行为规范，所以我们要注重发挥体育游戏塑造和培养道德行为的价值。

2.体育游戏可以满足合群需求，促进人际交往，完善个性特征

体育游戏主要以群体性活动为主。游戏群体是学生在家庭之外所接触的一个十分重要的初级群体，是他们进行人际交往、社会互动以及借以学习生活知识和技能并得到个性发展最重要的社会群体之一。学生参加体育游戏活动，增进沟通和了解，不仅可以扩大交友范围，增进学生之间的感情，还有助于拓宽自己的视野，从别的游戏者身上发现另外一个世界。此外，在游戏中产生的良好情绪及其体验，有助于克服他们独立于家庭之外，步入社会所产生的孤独、焦虑、恐惧、内疚和自卑等不良心理。同时，他们比较自然地了解并形成了尊重、理解、谦让、协商、竞争、合作、共处、互助、信任、宽容、忍让、体谅、荣誉、责任、和谐、公平、公正、自尊、自重、自爱、自信、自强等优秀品质和健康的个性特征，这一切对他们适应社会竞争、胜任社会角色都有深远的意义。

3.体育游戏可以促进社会角色的体验，形成自我意识，培养社会化品质

在体育游戏活动过程中，游戏参与者中的每一个人都扮演着一定的角色，这些角色虽然看似很虚幻，感觉只存在于游戏之中，其实，有的时候也是对现实生活中某些角色的模拟。在游戏中扮演不同的角色，有助于他们养成站在别人的角度上看待问题的良好习惯，有助于填补他们对社会不同角色的心理承受和想象空间，有助于培养他们的角色认同感，从而更好地接受社会、适应社会。在社会角色体验中，为使他人能理解自己的表演和行为的真实含义，个体就必须遵循角色的特定规范并按其要求的社会行为模式进行相应的行为表现，这既是角色扮演的前提，又是一种使角色顺利进入社会的保障。

社会角色是完成社会活动必要的社会形式和个人的行为方式，通过游戏群体活动中不同角色的扮演，大学生懂得了社会角色是与人们的某种社会地位、身份相一致的一系列权利、义务、职责的规范与行为模式等，这种体验十分有助于他们步入社会后成功地履行各种不同角色的职责，同时他们的社会适应性和个性品质在此过程中也可以得到高度发展。

（四）体育游戏的艺术价值

艺术产生于游戏。"仪式产生于神圣的游戏，诗歌诞生于游戏并繁荣于游戏，音乐和舞蹈则是纯粹的游戏。"体育游戏是游戏的一种重要表现内容，体育游戏也具有一定的艺术性。

1.体育游戏像艺术一样，把所欣赏的意象加以客观化，使它成为具体的情境

游戏意象原来是心境从外界折射来的影子，使它变成一个具体的情境，在这个具体情境中寻找各种需要的满足。例如，小孩骑马游戏的产生，就是小孩心境在外界折射出来的影子，以此来得到自己想骑真马的满足。

2.体育游戏像艺术一样，带有移情作用，把死板的物质看成活跃的生灵

我们长大成人后，面对枯燥乏味的学习和工作时，便经常会怀念童年时光，因为那时是天真无邪的，每个小伙伴都陶醉在自己美好的世界里。尽管当时的真实世界并不完美，但是游戏时候的忘我精神，使得每个孩子仿佛都看见了天堂。游戏带给我们的不仅是物质享受，还有实实在在的精神享受，这也是游戏的移情作用的价值所在。

3.体育游戏像艺术一样，用现实世界之外的另一个理想世界来安慰情感

人从呱呱坠地开始就是好动的，凡是不能动的，都终将让人苦恼。疾病、老朽之所以被人厌恶，最大的原因就是它限制了人们动的自由。越自由能动，越让人快乐。当然，现实世界是有限的，它不允许人无限制地自由活动。但是，人们不能接受这一痛苦的事实，非要在有限的活动里创造无限的可能，于是体育游戏诞生了。体育游戏的功能在于帮助人们摆脱现实世界的束缚，享受运动带来的快乐。所以，体育游戏在人们休闲时需求最大，从这个意义上讲，它确实是一种"消遣"，是一种艺术化了的活动。

第五章 高校公共体育课程的创新研究

第一节 高校公共体育课程创新

作为我国教育体系中的核心组成,高校教育质量直接影响着我国教育整体水平的体现,而公共体育课程作为高校教育中的重要组成,在学生身体素质强化、锻炼意识养成方面有着至关重要的作用。但是现阶段公共体育课程教学开展,其中诸多方面已经无法适用于现代教育体系,不能满足学生的实际发展需求。在此背景下,要想达成全面发展学生,强化学生身体素质的目的,进行公共体育课程创新改革至关重要,通过对公共体育课程教学现状的掌握,结合科学创新改革措施的实施,以让公共体育课程作用与价值最大化体现。

一、现阶段公共体育课程教学现状分析

(一)教学观念滞后

针对公共体育课程的开展,部分教师依旧受传统教学理念的束缚,针对新课改理念的认知较为匮乏,无法正确掌握新课改所蕴含的精神和含义。这就导致部分教师在课程教学期间以为是新课改理念的渗透,但实际仍是传统教学模式的实施,使得学生在课程中的主体地位无法明确体现,教学效果的提升也受到较大的限制。

(二)教学方式固定

当前高校公共体育课程实际开展中,部分教师未明确认识到教学方式创新的重要性,依旧在教学中沿用传统教学模式,其中教师表现为课程的主导,学生则是被动进行知识学习,教师在课程开展中一味地进行相关体育动作示范,学生只能机械性地进行学习和练习。该教学方式的应用使得原本生动、愉快的体育课堂转变为枯燥、单调的理论课堂,

使得学生的学习动力、学习兴趣丧失，并且此教学模式无法进行学生主体性的体现，难以让学生全身心参与其中，导致公共体育课程教学效果不佳。此外，部分高校针对公共体育课程的开展，依旧沿用自然班的形式，这就导致学生的兴趣爱好无法被重视，课程教学的开展体现出程式化、固定化的情形，即使学生对体育课程有再多的兴趣，也只能在体育课程中进行体能强化与技能掌握，影响学生综合素质的发展。

（三）教学内容不合理

现阶段部分高校对公共体育课程的设置过于简单化，甚至课程的设置与选择存在不合理与缺陷。在具体教学过程中，部分高校侧重于学生相关技能的掌握，所以在体育课程教学中对体育理论教育、体育情感培养有所忽视，虽然可以大幅度提升学生对技能的掌握效果，但是无法让学生对体育课程产生兴趣，更遑论学生进行体育课程的主动参与，不利于学生进行三维目标的实现与发展。另外，部分教师针对教材内容的选择缺乏合理性，对竞技项目内容过于重视，而对其他内容则缺乏有效的整合，也未依据学校自身实际情况与教学特色进行教学资源的整合与利用，这就导致体育课程教学缺乏特色，且过于形式化，进而影响了公共体育课程的整体教育效果。

（四）教学评价单一

在具体公共体育课程教学过程中，部分教师针对体育课程教学评价的开展，只侧重于对学生技能掌握水平的评价，而针对学生在体育课程教学期间所表现出的学习状态，整体学习过程则缺乏有效的评价。另外，大部分教师在教学评价方式方面也较为单一，仅凭借考试的方式对学生的技能掌握情况进行评价。这种滞后的评价方式与理念，使得公共体育课程评价显得较为量化与客观化，无法对学生的整体学习情况进行科学评价。另外，针对无法利用考核进行评价的内容，教师也缺乏标准、规范、科学的评价依据，这就导致体育课程评价缺乏合理性，教师也无法真正了解学生的具体学习情况。

二、高校公共体育课程创新改革措施

（一）正视课程改革观念，完善课程体系

教师在指导教学过程中，其教学观念为主要思想，也是教师教学课程开展效果的

关键性影响因素。所以，针对公共体育课程的创新与改革，关键前提就是教师需进行自身教育观念、教育思想的转变，树立正确的课程改革观念，通过对新课改理念的正确认知，来为公共体育课程的顺利开展提供保障。现阶段公共体育课程的开展，其教学目标的制定不能仅局限于学生技能的掌握，而是需要综合考虑学生体育意识、健康生活方式、身体健康、终身体育意识、素质教育等方面，将学生全面发展，以及身心健康发展作为主要教学目标进行公共体育课程的转变。通过对此认知的明确，促使高校公共体育课程进行良性长久发展。另外，教师应正确认知，高校公共体育课程教学中其教学内容的选择也不能仅局限于学科内容和教材内容，而是需要依据学生个性化发展，进行多元化、综合化选择。基于此，在具体教学中，教师应侧重对课外、课内活动的有机整合与规划，再将合理的运动训练融入体育教学中，实现公共体育课程教学内容的丰富，在满足学生实际发展需求的基础上，积极调动学生的参与兴趣，进而大幅度提升体育课程教学效果。

（二）革新教学方式，突出学生主体

教学方式的应用是学生进行知识学习的主要途径，教学方式应用是否合理会影响学生兴趣和学习动机的调动，并且教学方式的应用可以实现由抽象、复杂转变为直观、形象知识学习，进而帮助学生进行知识的强化掌握。所以，现阶段高校公共体育课程改革创新过程中，需侧重对体育课程教学模式的革新，依据学生认识能力、接受能力、学习基础，进行教学方式的创新与合理应用，达到激发学生学习动机、兴趣的目的。基于此，在具体教学中，学校应摒弃以往自然班的教学模式，转变为俱乐部教学模式，在教学期间进行学生兴趣爱好、体育能力的调查与研究，并以此为依据结合高校自身实际情况，进行公共体育课程的选择性开设，然后将体育课程的性质、名称、授课教师、授课时间、学分等内容进行公布，最后通过学生自主选择的方式来体现出对学生兴趣爱好的尊重。该教学模式一经提出，就受到广大学生的认可与欢迎。学生可以依据自身兴趣爱好、技能掌握、授课时间、教学项目等进行自主选择，进而充分调动学生兴趣。学生在参与公共体育的过程中，可以实现对更多体育知识的掌握，达到强化学生技能、知识掌握的目的。另外，在公共体育课程教学中，教师还需重视对学生锻炼方法与锻炼习惯的培养，可以通过对一体化教学方式的应用来提升教学效果。例如在具体教学中，教师可以将体育课程、课外体育活动、早操等进行有机结合，即在学生课余时间进行体育活动的科学开展，如组织篮球赛、跑步比赛等。通过上述教学模式的应用，实现学生在体育活动中对锻炼习惯和技能的掌握，并充分体现出公共体育课程的健身效果与娱乐性。

而要想真正突出学生的主体性，教师可以在教学期间开展分层教学模式，并确保每一层的学生都可以在具体学习过程中收获知识，并提升自己的能力。当然，针对教学内容的示范，教师可以依据学生的具体情况进行分层示范，对不同层次的学生使用不同的展示方法，以此让不同层次的学生都能真正掌握体育技能，以此促进教学效果的整体性提升。

（三）完善课程教学评价体系，发展学生综合素质

在公共体育课程教学中，教学评价的开展至关重要，其不仅是评断学生实际情况的主要方法，更是发展学生综合能力的关键所在。所以，在改革创新公共体育课程过程中需侧重对课程教学评价体系的完善与健全。基于此，教师需基于对教学目标的明确，结合学生具体情况，对学生的实际表现情况、学习情况、能力进行全面评价，以期学生能在体育课程中得到全面发展。基于此，在实际体育课程教学中，教师首先需进行教学评价方式的革新，在以往单一考试评价方式的基础上进行评价方式的创新，结合多元化的评价方式来进行评价强化，如结合学生评价、生生之间相互评价等方式，以此提升教学评价的合理性与客观性，实现对学生的全面评价。而针对评价内容的革新，教师则需结合学生的具体情况进行评价内容的丰富，除以往学生技能掌握的考核，教师还可以增设学生学习态度、运动习惯、知识运用、合作精神、运动能力等方面的评价，通过对多元化评价体系的构建，实现对学生全面、综合评价，最大限度地综合学生具体学习情况的体现，促进学生的综合发展。

（四）强化课程协调性，强化学生综合素质

现阶段高校公共体育课程的开展，不仅需要进行学生身体素质的强化，更需要锻炼学生的心理素质，强化学生在面对挫折、困难时的心态和接受能力，进而达到全面发展学生的目的，帮助学生更快地适应社会发展，为社会发展贡献更多的高素质、高能力的综合性人才。针对公共体育课程的开展，具备综合性、层次性的特点，在具体教学中，该课程教学的开展不仅涉及体育技能教学，还包括对学生保健知识、合作精神、竞争意识的培养，所以教师在实际教学期间，应侧重对教学层面的拓展，通过对体育教学结构的丰富与全面，来促进学生的全面发展。例如教学定向越野课程时，因其课程具有较强的实践性和趣味性，所以教师可以在该课程教学中进行学生自身能力的引导和发挥。在具体教学中，教师可以锻炼学生的外界方向识别能力，帮助学生掌握在野外的生存技能与能力。再结合该课程所具备的竞争性，让学生在良好的竞争氛围中

进行自身意志力的锻炼，达到全面发展的目的。

综上所述，高校公共体育课程不仅是丰富大学生生活的手段，也是强化学生身体素质，促进学生全面发展的主要途径。现阶段高校公共体育课程的改革与创新已经成为各大高校的主要课题，而要想真正实现对公共体育课程的创新与改革，需分析与掌握现阶段高校公共体育课程的开展现状，并以此为依据，进行高校公共体育教学思想观念的转变，强化体育课程协调性，完善体育课程教育体系，革新体育课程教学方式，进而实现公共体育课程的多元化开展，达成促进学生全面发展的目的，极大程度上提升高校公共体育课程教学水平。

第二节　高校公共体育课程优化与创新

随着我国高等教育改革体系的不断发展，对高校公共体育课程的工作提出了更严格的要求。而面对当前地方性高校公共体育课程中存在的问题，需要在教学过程中更加重视对学生知识与文化的传授，同时优化各个教学环节，引导学生积极实践，不断提升身体素质与各项能力。为了满足这样的要求，现代高校体育教学过程中，需要地方性高校借助多方面的资源，将公共体育课程进行更好的优化，注入源源不断的发展动力。下面笔者将针对地方性高校公共体育课程，浅谈整体性优化与创新策略。

一、对课程体系的整体优化

教师必须要对传统的体育课程的设置和内容等进行优化，通过提升体育课程的科学性，为学生身体素质的提升提供科学有效的帮助。同时，高校体育课程的开设，也不仅仅需要关注学生的身体素质，同时更加需要关注学生心理素质的发展，体育课程要通过科学的教学提升学生的综合素质，帮助学生养成终身体育的良好观念，在课堂教学过程中，教师要帮助学生养成良好的锻炼习惯。除此以外，教师还必须要帮助学生正确地认识体育锻炼。笔者认为，为了达到这样的目的，对公共体育课程的成绩优化和创新研究就显得尤其重要，尤其是创新，只有对传统的教学模式进行改革和创新，才能够真正地解决好传统教学模式存在的一系列问题，真正地发挥好高校体育公共课程的最大价值。

对地方性高校公共体育课程进行整体优化，有必要先对其课程体系进行整体优化，从而从教学结构方面对公共体育课程进行更好的指导。比如，在过去的教学中，偏重于体育项目的练习教学，在整个课程教学中只是让学生通过项目练习来提升运动能力，导致学生学习到的知识过于片面。那么对课程体系进行整体优化，需要融入适当的理论教学，注重理论与实践的结合，才能让学生更好地了解体育文化。所以在课程结构的设计上，可以适当地增添体育通识课，以理论知识为载体，让学生了解必要的体育文化与发展。同时，教师可以运用当前的现代教育体系，对教学结构进行针对性的调整，可以有效地增添网络学习平台，通过网课观摩来提供学生的学习机会，打破时间和空间限制，起到更好的引导作用。通过这样的方式，对课程体系进行整体优化，直接地引导教师科学教学，创造有效的公共体育课程教学模式。

二、树立科学的教学理念

面对当前素质教育理念的要求，在地方性高校公共体育课程教学中，要树立科学的教学理念。举一个简单的例子，教师不再局限于仅有的课堂教学，而要培养学生的终身体育意识，能够将体育运动作为生活中的一部分，更好地实现高效学习与健康生活。在教学过程中，教师要有意识地渗透这样的理念，比如教师正在对长跑的运动技巧进行传授，那么不必要立马对学生进行引导性训练，而是要提醒学生能够在课后合理安排时间，进行持之以恒的训练。同时，教师可以在课后额外给学生布置一些训练项目，并且制订科学的训练计划，使学生在课后能够按照这样的要求，完成相应的训练。久而久之，学生便能够养成积极参与体育运动的习惯，这对于终身体育意识的培养有着重要意义。另外，学校还可以组织相关的专家举办讲座，引导学生积极培养终身体育意识，享受体育运动对人生的改变。通过这样的方式，树立科学的教学理念，更好地培养学生的终身体育意识。

三、改进传统的教学方法

对地方性高校公共体育课程进行整体优化与创新，还需要改进传统的教学方法，为体育课程教学注入更强劲的活力。比如在过去的教学中，很多教师只是按照教学计划进行按部就班的落实，没有考虑到体育项目的特殊性。那么教师有必要改进传统的教学方法，让学生进行更灵活的学习。在篮球教学中，教师不再将整个教学内容分成投篮、运球等机械的项目练习，而是能够运用以赛训练的方式来引导学生进行更好的实践。在完成理论教学之后，教师可以根据学生的实际情况进行交叉分组，科学地运用差异合作学习模式。随后，要求各个小组进行篮球对抗赛，在实际比赛中，学生面对不同的情况进行更好的运用，加深对所学知识的理解与掌握。同时，比赛的形式能够更好地调动学生的积极性，让学生主动积极地参与到比赛中，来感受体育竞技的魅力。通过这样的方式，来改善传统的教学方法，为公共体育课程教学提供科学的指导，更好地发挥课堂教学效果。

四、强化多维质量考核

在过去的公共体育课程教学中，质量考核是一个较为薄弱的环节，随着整体优化与创新步伐的逐步深入，需要地方性高校相关部门强化多维质量考核，促进公共体育课程取得长远进步。首先，是考核教师的教学质量，学校可以成立相关的专家组，通过安排各部门领导听课、跨学校同行教师听课、学生评价等环节，对教师的教学质量进行评估，发现教学中存在的问题，以及探索科学的解决策略，提升教师的教学质量。其次，要提高教学科研的要求，做好地方性高校公共体育课程教学是一个长远的项目，对国家体育教学事业的进步有着重要的意义。最后，各大高校不能着眼于眼前的利益，而要朝着更高的目标不断进步，提升科研要求能够将教师的实际教学工作与理论教学更好地结合起来。通过这样的方式，强化多维质量考核，能够保障地方性高校公共体育课程取得长远进步，放眼更高规格的人才培养计划。

五、注重校园文化构建

优化地方性高校公共体育课程，不仅要通过硬性的教学来落实，以文化软实力进行渗透也是一个重要的环节。所以需要注重校园文化构建，对学生进行积极的引导。比如，学校可以定期举办相关的校园体育节，承办大型的体育运动会，为学生搭建一个良好的表现平台。可以让学生在体育运动会上更好地获得体育学习的成就感，同时丰富课余生活，让整个校园弥漫着青春朝气的体育精神。再如，学校可以针对校园社团的构建，加大对相关体育社团的投入。同时科学地组织相关活动，引导社员进行更好的锻炼，让学生收获可能难以收获的知识，全面提升综合能力，这对于校园文化的构建也有显著的作用。通过这样的方式，更加注重校园体育文化的构建，对学生进行积极的引导，使其感受体育文化的魅力。

总而言之，地方性高校公共体育课程作为培养创新型人才的重要平台，对整个教学模式进行整体优化与创新是当下重要的教学与科研任务，能够显著提升公共体育课程的教学效果，培养更多适应社会发展所需要的高水平综合型人才。那么在今后的教学中，需要学校相关部门对人才培养方案进行进一步调整，同时注重与实际教学的研究，凸显公共体育课程对学生身体素质与综合能力的引导作用，促进学生取得全面发展。

第三节　高校公共体育"联动＋融合"课程创新

高校公共体育"联动＋融合"课程模式的构建：

（1）高校公共体育课程模式的发展形势，包括高校公共体育课程的设置标准、高校公共体育课内教学管理体系、高校公共体育课外活动管理结构三方面，对其进行分析、总结。

（2）课内外联动协调配合模式的构建，包括体育课内教学成绩管理设置，课内教、学、评教学过程规范化；课外体育组织机构的功能发挥，包括课外技术指导站点的建立，课外体育竞赛学、练、赛训练手段，体育社联体育文化和健康知识的宣传，课外锻炼电子信息监管系统的建设等方面，主要是为大学生创建有机结合、有效衔接的课内外体育的健康环境。

（3）三分融合精准干预模式的构建：在体育课程实施环节对大学生群体进行运动能力分层（运动低能型、健康锻炼型、运动达人型）、目标定位分类（健康知识认知类、健康形体塑身类、专项技能提高类）、责任主体分工（强化教师"教"的深度、规范学院"督"的制度、激发学生"动"的态度）三个方面，主要是为了提高大学生体质健康水平。

高校公共体育"联动＋融合"课程模式的实施建议：

（1）健全"联动＋融合"协同并用体育模式；

（2）加强高校体育教学数据信息平台的建设；

（3）增大学校体育硬件设施和体育文化宣传的投入。

高校公共体育是高等教育的重要组成部分，是青少年健康体育的重要基础。近年来，国家政府出台了《关于深化体教融合促进青少年健康发展的意见》《关于全面加强和改进新时代学校体育工作的意见》等多项学校体育规划政策和改进措施，推进了高校体育课程教学的改革步伐。本书以武汉文理学院为例，探索高校公共体育课程模式改革，总结体育教学经验，对高校公共体育"联动＋融合"课程模式进行构建，并结合本校特点和所呈现的实施效果总结出实用性、有效性的建议，实现以点概面，加快推进体育领域的改革，推动体育理论不断创新发展，完善体育课程体系的建设，促进体育课程教学模式推陈出新，为高校体育课程教学提供参考意见。

一、高校公共体育课程模式构建的发展形势

（一）高校公共体育课程的设置标准

高校公共体育课程是大学生获得体育健康知识学习、体育技能提高和体育健康意识培养的重要途径。根据《高等学校体育工作基本标准》要求，高校一、二年级必须开设（四个学期共计144个学时）的体育课程，高校三年级以上的学生开设体育选修课。据调查发现学校存在体育课量不足，一般是一学期16次课，每周一次课（1.5小时），平均到每一天的时长少之甚少，单纯的课内教学满足不了大学生的体育锻炼需求；课外活动情况不容乐观，严重影响了大学生身心健康的发展。所以课内外联动协调模式的实施是一个必然的趋势，把课内教学和课外活动有机结合起来，形成联动机制，为大学生创设健康协调的体育运动大环境。

（二）高校公共体育课内教学管理体系

体育课内教学是师生在体育课堂上完成相应的教学任务的过程。调查发现，学校体育课程教学是从课堂成绩管理设置、教与学的过程、评价机制三方面建立的。课堂成绩管理设置主要是从平时成绩（平时表现和考勤）、期中成绩（技能展示）和期末成绩（技能展示）三方面进行综合考评；教与学的过程主要是教师的"教"与学生的"学"；评价机制的评价不够深入，评价标准不够具体。根据一堂好课的标准，课程成绩管理不明确，教学过程不完整，评价机制不完善的体育课程体系是不健全的。因此，完善高校体育课程教学管理体系是亟须解决的问题。

（三）高校公共体育课外活动管理结构

体育课外活动可分为校内院系组织活动、校外竞赛活动和自发形成群体活动。调查发现，目前学校课外活动氛围不够强烈，其中学生体育机构的设置形同虚设，体育

文化宣传和体育赛事组织活动缺乏，活动内容比较单一，篮球、跑步、足球、羽毛球成为大学生主要的活动内容；另外，课外活动管理系统的建设不够完善，大学生课外活动主要是自发行为，没有明确的计划和目标，形成的体育健康意识淡薄，很难让大学生走出寝室走向运动场。所以，更新学生课外体育机构的功能设置和建设课外活动管理系统是高校课内外联动教学的重要任务。

二、高校公共体育"联动＋融合"课程模式的构建

（一）"联动＋融合"课程模式的概念

课内教学是大学生获得体育健康知识的重要途径，课外活动是大学生提高体质健康水平的重要保障。高校公共体育"联动＋融合"课程模式的实施，有助于推动高校课内外联动协同联合，推进学生体质健康精准干预，提高体育教学质量、改善大学生体质健康状况。

丘乐威等人谈到过体育课程课内与课外脱节，是造成普通高校学生体质健康水平下滑的主要原因，反映了高校课内外两大环境有效衔接的重要性。因此，基于前人对体育课内外课程实施的深入研究，笔者对联动模式的界定，是课内外联动模式，高校体育课内（第一课堂）课外（第二课堂）两大环境的有机结合，能够为学生创造健康的运动环境，提高体育教学质量。

于素梅谈到过改善学生体质状况，应对学生体质健康进行综合性的精准干预，并重点提出了按学段特征分层、按目标定位分类、按责任主体分工的三分融合干预构想。因此，结合目前高校体育课程实施的特点，笔者对融合模式的界定，是三分融合模式，在课内外有机联动、有效衔接的大环境下，通过运动能力分层、目标定位分类、责任主体分工等手段有效融合，激发学生对体育的兴趣，提高体质健康水平。

（二）创建"课内外联动"协同配合课堂

高校公共体育"课内外联动"协同配合模式涵盖课内体育和课外体育两大方面。课内（第一课堂），包括课程成绩管理、教学过程管理；课外（第二课堂），包括体育组织机构、监管系统建设。课内外有效联动，可将体育教学有效地延伸至课外，更好地开展学校体育活动，从而促进高校公共体育教学职能部门的协调配合，提高体育教学的质量和效率，为大学生创造良好的运动氛围。

1. 课内教学管理与设置（第一课堂）

（1）课程成绩管理。课程成绩是学生学期末对整学期体育学习和运动情况的最终检验和评定。按照体育课程自身规律和学校体育总体要求，科学合理设置考核内容，提高学生的健康认知能力；根据学生的实际情况，制定考核办法和评分标准，严格落实到每一节课内教学中，并按照评分标准进行评分。所以，课程成绩管理将按照考勤10%（树立学生的正确体育态度）、体育理论10%（拓宽学生知识面）、课外活动15%（丰富学生课外生活）、身体素质25%（增强学生体质）、基本技术40%（获得一个项目完整的技能）进行设置。

（2）教学过程管理。教学过程是教师"教"与学生"学"互动交流的过程，其中教、学、评是教学过程中不可缺少的要素。上好一堂课要有明确的目标、丰富的内容、严谨的组织、多元的评价等要求，所以，教学过程管理将从强化教学常规（让学生端正上课的态度、明确上课的纪律，选取适当的教学方法与手段）、丰富课程教学内容（切合学生的实际情况，内容新颖，具有吸引力）、制定评价指标（做到客观公正评价，多以激励性语言评价）三方面构架。

2. 课外活动管理与设置（第二课堂）

（1）课外体育活动组织机构

①课外技术指导往往是体育活动中容易被忽视的环节，课外体育指导站点的建立有助于学生在课外活动中获得专业指导，避免损伤，减轻伤痛。因此，课外体育指导站点的建立应合理利用学校现有的体育教师资源和设施资源，为学生体育活动提供帮助与指导。

②校内外体育竞赛是一个学校生机与活力的重要体现，体育竞赛是竞争与合作的过程，应培育大学生的体育素养。增加校内外体育竞赛的关键是要完善体育竞赛训练体系、丰富体育竞赛项目、制订系统训练计划等。因此，本研究通过建立学、赛、练一体化训练体系来丰富大学生课外体育活动，提高体育运动能力，培养"走出去"的体育精神。

③体育社团联合协会是大学生日常课外活动的组织机构，对大学生的体育意识和体育认知起着潜移默化的作用。因此，本研究通过各体育组织机构对大学生进行健康知识的宣传、丰富校院系体育活动、增进大学生之间的互动交流。

（2）课外锻炼管理系统建设

①创建课外锻炼信息监测平台，如微信运动步数榜小程序、悦动 APP、悦跑 APP 等，更好地监测学生的体育运动情况，提高自我体育运动意识，养成良好的运动习惯。

②制定考核与评分标准是根据大学生的体育需要和体质健康达标要求，制定相应的标准：每周五天打卡记录 10000 步 / 快走 60 分钟 / 有氧跑 45 分钟，一次不达标扣 0.3 分，共 15 分。

（三）实行"三分融合"精准干预措施

高校公共体育"三分融合"精准干预模式将从运动能力分层、目标定位分类、责任主体分工三个方面进行构架。基于课内外联动的体育运动大环境，遵循"三分融合"的干预理念对学生实际情况进行精准干预，具体分析学生在课内外体育运动中遇到的不同问题，为之制定全面科学系统的运动方案，解决学生体育运动中存在的问题，从而全面提升大学生体质健康水平。

1. 运动能力分层

课内外运动能力分层的前提是在完成大课教学任务的条件下，对学生进行运动水平的分层教学与指导，可分为运动低能型（帮助完成简单的技术动作，增强学生自信心）、健康锻炼型（批评与表扬适时合理，保持运动兴趣）、运动达人型（正确引导，为之营造良好的运动氛围）。

2. 目标定位分类

课内外目标定位分类是建立在运动能力分层的基础上，大学生对体育运动所期望达到的目标有健康知识认知类（宣传体育文化、热点新闻和体育常识，扩宽体育知识视野）、健康形体塑身类（增加体能知识的学习实践以及预防运动损伤）、专项技能提高类（课内完成学分认定任务，课外制订学训赛系统化的计划）。

3. 责任主体分工

责任主体分工可以强化学校各构成主体的责任和义务，促进各主体的紧密结合，达到协同一致，强化教师"教"的深度（要求教师教学的严谨性，丰富教学内容、方法和手段）、规范学院"督"的制度（建立相应的监督体系，明晰各部门的责任分工）、激发学生"动"的态度（培育好学生体育素养，形成终身体育的习惯）。

三、高校公共体育"联动 + 融合"课程模式的实施建议

（一）健全"联动 + 融合"协同并用体育模式

新时代"联动 + 融合"协同并用体育模式需要不断完善，完善课内丰富的构成要

素，健全课外健康体育的有效机制，以提高体育教学质量。遵循"联动＋融合"理念，形成课内扎实教学、课外健康锻炼、提高体质健康水平的知识、技能、身心健康的系统化发展模式。推动体育教育教学改革纵向深入，开阔高校公共体育课程模式构建新思维。

（二）加强高校体育教学数据信息平台的建设

学校体育教育教学日渐走向线上＋线下的发展模式，加大体育＋互联网、MOOC、大数据平台、体育APP等教育教学数据平台的建设，能够极大提高高校体育教育教学的效果，开阔大学生体育视野，激发大学生参与体育活动的积极性，培养终身体育运动的习惯。

（三）增大学校体育硬件设施和体育文化宣传的投入

体育硬件设施是学生进行健康运动的基础保障，是体育课程不断完善的前提条件；体育文化是校园文化的组成部分，是大学生体育潜移默化的认知过程，是大学生自我体育意识和体育素养形成的过程。所以我们应增大学校软硬件设施的投入，丰富校园体育文化，增强大学生体育意识，营造浓烈的体育氛围，打造特色体育的校园文化品牌。

第四节　创新思维下高校体育课程教学创新

2017年8月27日习近平总书记在会见全国体育先进单位和先进个人代表时对"体育强国"给予了厚望，并将体育发展融入实现中国梦发展的高度。2018年9月10日，习近平总书记在全国教育大会上发表重要讲话，从党和国家事业发展全局的战略高度，深刻分析了教育工作面临的新形势新任务，并从德、智、体、美、劳全面发展的角度对新时期人才培养做出重要部署。高校体育是我国践行"体育强国"的重要环节，大学生作为新时代最具活力的群体，95后、00后是我国人才培养的重要储备，也是对自我发展有着强烈认知的一代人。所以在高校体育教育中不仅要在思维上保持创新力与创造力，更要在身体上不断强化自我，以适应现代社会提出的种种挑战。

一、创新思维指导下高校体育课程教学改革的实践意义

（一）实现体育课程创新教学契合了当代大学生个性化发展的需要

追求个性是当代大学生自我发展的需要，随着现代生活理念的渗透，运动成为大学生日常生活中彰显个性的重要内容，而推动体育课程的创新，能够打破大学生对传统体育教学的刻板印象，满足大学生运动多元化需求，进而引导大学生养成良好的运动习惯，实现身心协调发展。

（二）实现体育课程创新改革有利于高校课程体系的完善

高校作为人才培养的主要基地，其课程构建质量的高低直接影响着人才培养质量的好坏，在当前创新发展的推动下，高校体育课程构建中存在的问题不断突出，基于此，高校应从学生全面培养的角度出发，对体育课程做出创新调整，与其他课程形成统一的整体，进而发挥课程对人才培养的整体效果。

（三）实现体育课程创新教学改革有利于体育强国战略的实现

体育强国是新时期我国体育事业发展的基本方向，体育事业的发展需要创新型人才的支持，而通过对高校体育课程教学的调整与改革，学校能够将创新融入人才素质中来，而这些人才在走上社会后必然会对体育事业发展做出贡献。

二、当前高校体育课程教学创新中存在的问题

随着创新教育的推进，高校体育课程教学改革也进行了探索与尝试，但是在体育课程教学中影响创新发展的问题依旧比较突出，具体来看有以下几个方面：

（一）教师队伍的创新素养不足

目前高校体育教师队伍结构依然根据传统体育课程要求设计，教师对体育教学创新缺乏重视，在体育教学中缺乏创新动力，同时体育教师结构单一，无论是在数量还是在质量上均难以实现体育课程教学创新探索的需要。

（二）课程内容体系不完善

体育课程是实现创新人才培养的依据，但是目前在高校体育课程体系设计中，缺乏自身特色，千篇一律的课程内容，影响了学生对体育项目的参与兴趣，课程构建缺乏层次性，造成了学生个体差异与统一化课程内容之间的矛盾，课程内容陈旧，对于新颖、有趣的体育项目缺乏敏感性，难以满足当代大学生多元化的运动追求。

（三）体育教学方法相对单一

在体育课程实践中，教师对于知识讲解与示范指导依旧比较偏爱，学生在体育训练中机械地按照教师的要求进行，难以融入体育训练情境中来，影响了课堂实践效果。

（四）体育教学评价机制不健全

在目前高校体育课程教学评价中，教师依然是评价的主导者，偏重对学生体育课程的参与过程与运动结果进行分析，忽视学生以及其他主体的参与；同时评价方法与评价标准缺乏灵活性，影响了体育课程的反馈与优化。

三、创新思维指导下高校体育课程教学改革策略

（一）体育教师队伍的塑造

在创新思维指导下，高校体育课程教学改革需要创新型教师队伍的有效支持。作为体育课程目标的实践者，高校应根据创新体育教学培养需要，对教师队伍进行全面构建，进而推动教育理念的渗透，以及体育培养目标的落实。具体来讲，高校应从以下几个层面实现对创新型体育教师队伍的培养。

1. 转变思想认识，提高教师对创新体育课程改革的认可

体育教师作为教学一线工作者，其思想理念直接关系着对课程的理解以及教学目标的渗透。在创新改革过程中，学校一方面注重对创新体育文化的渗透，为教师营造优秀的文化氛围，在传统与创新的对比中深入对体育创新的思考；另一方面注重创新思维的塑造，根据课程要求，帮助教师转变观念，并在实践探索中对体育教学创新实现理性思考，进而用创新吸引学生主动参与体育实践。

2. 优化教师结构，提升教师的整体创新素养

高校应拓宽教师培养与发展思路，从多渠道吸引更多的专业体育人才进入体育教学

中来，如与专业的体育教育机构相联系，与运动俱乐部进行沟通，将教练人员吸引到教师队伍中来，为高校体育教师队伍注入新的活力，推动体育创新课程的有效开展。

3. 完善教师团队的激励机制

高校在体育教师队伍构建中，应健全教师的激励措施，从物质激励到精神激励，调动教师参与体育课程创新改革的积极性，进而为大学生体育素养的创新培养提供全面支持。

（二）体育课程内容的构建

课程内容是实现人才培养的前提，也是创新思维指导下高校体育课程教学改革的重要方面。现代社会对创新型人才提出了多元化要求，而传统体育课程内容显然已经难以适应学生的创新发展需要。所以，高校应积极调整设计思路，对体育课程进行调整与优化。

1. 注重课程的特色化

创新探索切忌千篇一律，高校在体育课程设计中，不仅要根据国家对体育课程的基本要求进行筛选与构建，更要发挥自身优势，利用当地的本土资源，构建充满创意、充满特色的体育课程，如高校可以将当地的民间体育项目引入课程中来，以充实体育课程内容，活跃体育教学氛围。

2. 注重课程的层次化

因材施教是我国传统教育思想的精髓。在高校体育课程设计中，学校应打破传统一刀切式的课程内容与课程要求，根据学生的差异性设计不同的运动项目与课程标准，满足学生个性化的运动需求，进而在符合自身特征的情况下实现创新发展。

3. 注重课程的时代性

体育课程内容应保持与时俱进的特点，高校应结合体育发展潮流，根据 95 后、00 后所爱好的体育项目进行课程设计。例如，在课程中增加武术、跆拳道、健美操、瑜伽、跳绳、踢毽子、民族健身操等项目，让学生在新颖、时尚的体育项目中，调动参与运动的积极性。

4. 注重课程的综合性

在创新思维的指导下，高校对体育课程内容的设计应兼顾不同学科之间的联系，引导学生在运动中实现全面发展。例如，教师可以在体育教学中渗透生物学、社会学、管理学、历史学等知识，让学生在运动中得到综合培养。

（三）体育教学方法的创新

教学方法的创新是吸引学生参与体育运动，提高学生运动锻炼效果的重要因素。在创新思维的指导下，教师应注重调整传统示范讲解教学的局限，为学生探求多元化的体育教学参与方法：

1. 自主学习方法

在新的教育教学培养中，学生的自主发展受到了全面关注，在高校体育教学中，自主发展并不等同于"放羊"，教师应结合课程安排，给予学生充分的自主发展空间，让学生有权选择自己喜欢的项目，选择自己喜欢的运动方式，按照自己的进程有序训练，进而在课程评价中形成运动习惯。

2. 实践教学方法

体育课程主要是在实践中完成的，但是教师应善于打破传统实践课堂的局限，让学生在合作与竞争中提升体育综合素养。例如在篮球课上，教师可以利用"以赛代练"的实践方式，组织学生进行"三对三"或"五对五"的小组赛，让学生在竞技比赛与团队合作中，提高篮球战术素养。

3. 信息化教学方法

在信息化教育发展背景下，将高校体育融入教学实践中来，能够为学生营造更加生动、直观的教学情境。例如在足球课上，教师可以利用多媒体为学生播放欧冠比赛视频，根据专业比赛中运动员的表现进行讲解，加深学生对技术动作、战术设计的理解，并在模拟比赛中进行训练，提高课堂教学实践效果。

（四）教学评价方式的创新

评价机制是体育课程教学改革的重要组成部分，在创新思维的指导下，高校应打破传统单一化评价模式，从主体、内容、方法等方面探索多元化的体育教学评价体系，为学生体育素养的全面发展提供良好的平台。高校体育课程评价体系的创新主要体现为：

1. 评价主体的多元化

在高校体育课程教学中，将教师作为唯一的评价主体，会影响学生体育锻炼反馈结果的客观性与全面性，所以教师应拓宽评价主体范围，将学生、家长、社区等引入评价中来，引导学生对自我运动过程进行反思，调动家长、社区对学生的日常运动进行分析，进而全面反映学生的运动过程，提高课程教学反馈的指导价值，以不断完善体育课程教学效果。

2. 评价内容的多元化

在体育运动中学生不仅能够得到身体的锻炼，而且能够在自我发展能力、创新能力、技能转化能力、认知能力、理解能力等方面得到培养。所以，在高校体育课程评价中，教师应设计多元化的评价内容，对学生的体育知识、运动能力、体育情感等进行综合判断，促进学生在体育中实现自我发展。

3. 评价方法的多元化

在创新思维的指导下，学校、教师应积极推动评价标准的设计与完善，基于创新人才培养要求，在高校体育课程教学中，让学生实现身体的全面锻炼与思维的全面锻炼是同等重要的。因此，教师应采用定性与定量分析的方式，对学生的体育发展进行评价，以渗透创新培养理念。

综上所述，在创新思维的指导下，高校体育课程教学改革已经势在必行。加强体育课程教学的创新构建对于大学生的身心健康成长，对于高校教育培养体系的完善，对于体育强国政策的落实均具有重要意义。因此，高校应根据当前体育课程教学中存在的问题，加强对教师队伍的构建，用创新思想武装教师，调整教师结构，激发教师参与创新教育的积极性；优化课程内容，体现体育课程的特色性、层次性以及时代特征，为学生的创新发展奠定基础；创新教学方法，通过自主引导、实践教学以及信息化教学，提升学生自主锻炼意识，强化体育素养；完善评价模式，渗透多元化理念，从评价主体、评价内容到评价方法上给予学生科学引导，促使学生在评价机制中实现对体育课程的全新认识，激发学生参与体育锻炼的积极性与自主性，并有意识地实现创新探索，进而推动体育教学的创新发展。

参考文献

[1] 曲宗湖，杨文轩.学校公共体育教学探究 [M].北京：人民公共体育出版社，2000.

[2] 李元伟.科技与公共体育：关于新世纪公共体育科学技术发展问题 [J].中国公共体育科技，2002，38（6）：3-8，19.

[3] 徐本立.运动训练学 [M].济南：山东教育出版社，1990：228.

[4] 王智慧，王国艳.公共体育科技与公共体育伦理辨析 [J].公共体育文化导刊，2016（6）：146-148.

[5] 曹庆雷，李小兰.前沿科技与公共体育 [J].山东公共体育科技，2004，26（1）：37-38.

[6] 董传升."科技奥运"的困境与消解 [M].沈阳：东北大学出版社，2004：15.

[7] 张朋，阿英嘎.科技与公共体育的对话：利弊述评 [J].福建公共体育科技，2015，34（4）：1-3.

[8] 谢丽.从奥运会比赛成绩看运动器材的变化 [J].公共体育文史（北京），2000（4）：52-53.

[9] 杜利军.奥林匹克运动与现代科学技术 [J].中国公共体育科技，2001（3）：6.

[10] 于涛.从哲学角度再认识身体对揭示公共体育本质的意义 [J].上海公共体育学院学报，2008（3）：18-20.

[11] 张洪潭.公共体育的概念、术语、定义之解说立论 [J].西安公共体育学院学报，2006（4）：1-6.

[12] 张庭华.走出公共体育语言：从语言学界的共识看媒体公共体育语言现象 [J].公共体育文化导刊，2007（7）：50-53.

[13] 黄聚云.从哲学角度再认识身体对揭示公共体育本质的意义 [J].上海体育学院学报，2008（1）：1-8.

[14] 爱德华·萨丕尔.语言论 [M].北京：商务印书馆，1985.

[15] 于涛 . 公共体育哲学研究 [M]. 北京：北京公共体育大学出版社， 2009.

[16] 董文秀 . 公共体育英语 [M]. 北京：人民公共体育出版社， 2009.

[17] 伊恩·罗伯逊 . 社会学（下册）[M]. 北京：商务印书馆， 1991：719.

[18] 汪寿松 . 论城市文化与城市文化建设 [J]. 南方论丛， 2006（3）： 101.

[19]R.E. 帕克 . 城市社会学 [M]. 北京：华夏出版社， 1987：41，154.

[20] 乔尔·科特金 . 全球城市史 [M]. 北京：社会科学文献出版社， 2006：3.

[21] 卢元镇 . 公共体育社会学 [M]. 北京：高等教育出版社， 2001：211.

[22] 乔治·维加雷洛 . 从古老的游戏到公共体育表演 [M]. 北京：中国人民大学出版社， 2007：107.

[23] 王祥荣 . 生态与环境：生态可持续发展与生态环境调控新论 [M]. 南京：东南大学出版社， 2000：55.

[24] 郑杭生 . 公共体育学概论新编 [M]. 北京：中国人民大学出版社， 1987：345.

[25] 周爱光 . 公共体育本质的逻辑学思考 [J]. 武汉公共体育学院学报，1999（2）： 19-21.

[26] 熊斗寅 . "公共体育"概念的整体性与本土化思考：兼与韩丹等同志商榷 [J]. 公共体育与科学，2004（2）：8-12.

[27] 王春燕，潘绍伟 . 公共体育为何而存在：20 世纪 80 年代以来我国公共体育本质研究综述 [J]. 公共体育文化导刊，2006（7）：46-48.

[28] 宋震昊 . "公共体育"本体论（二）：公共体育概念批判 [J]. 南京公共体育学院学报（社会科学版），2006（3）：1-6.

[29] 胡科，虞重干 . 真义公共体育的公共体育争议 [J]. 南京公共体育学院学报（社会科学版），2010（4）：59-62.

[30] 张军献 . 寻找虚无上位概念：中国公共体育本质探索的症结 [J]. 公共体育学刊，2010（2）：1-7.

[31] 崔颖波 . "寻找虚无的上位概念"并不是我国公共体育概念研究的症结：与张军献博士商榷 [J]. 公共体育学刊，2010（9）：1-4.

[32] 何维民，苏义民 . "公共体育"概念的梳理及匡正 [J]. 武汉公共体育学院学报，2011（3）：5-10.